LOS DIEZ
MANDAMIENTOS
DOS VECES
ELIMINADOS

SHELTON - QUINN

Los Diez Mandamientos

I. Yo soy JEHOVÁ tu Dios, que te saqué de la tierra de Egipto, de casa de siervos. No tendrás dioses ajenos delante de mí.

II. No te harás imagen, ni ninguna semejanza de cosa que esté arriba en el cielo, ni abajo en la tierra, ni en las aguas debajo de la tierra: No te inclinarás á ellas, ni las honrarás; porque yo soy Jehová tu Dios, fuerte, celoso, que visito la maldad de los padres sobre los hijos, sobre los terceros y sobre los cuartos, á los que me aborrecen, Y que hago misericordia en millares á los que me aman, y guardan mis mandamientos.

III. No tomarás el nombre de Jehová tu Dios en vano; porque no dará por inocente Jehová al que tomare su nombre en vano.

IV. Acordarte has del día del reposo, para santificarlo: Seis días trabajarás, y harás toda tu obra; Mas el séptimo día será reposo para Jehová tu Dios: no hagas en él obra alguna, tú, ni tu hijo, ni tu hija, ni tu siervo, ni tu criada, ni tu bestia, ni tu extranjero que está dentro de tus puertas: Porque en seis días hizo Jehová los cielos y la tierra, la mar y todas las cosas que en ellos hay, y reposó en el séptimo día: por tanto Jehová bendijo el día del reposo y lo santificó.

V.   Honra á tu padre y á tu madre, porque tus días se alarguen en la tierra que Jehová tu Dios te da.

VI.   No matarás.

VII. No cometerás adulterio.

VIII. No hurtarás.

IX.   No hablarás contra tu prójimo falso testimonio.

X.   No codiciarás la casa de tu prójimo, no codiciarás la mujer de tu prójimo, ni su siervo, ni su criada, ni su buey, ni su asno, ni cosa alguna de tu prójimo.

Éxodo 20:2-17

Los Diez Mandamientos Dos Veces Eliminados

Edición publicada 2006
Copyright © 2004, 2005, 2006 por
Danny Shelton y Shelley J. Quinn

Todos los derechos reservados

Publicado por Remnant Publications, Inc.
Impreso en Estados Unidos de Norte América

Traducido al castellano por Wilfredo Toro

Editado por Débora Eldred-Solà

Derecho Reservado sobre el Diseño de la Cubierta por
Steve Nelson

Derecho reservado sobre el Diseño de Texto por
Greg Solie – Altamont Graphics

ISBN 1-883012-46-5

A menos que se especifique, todas las citas bíblicas
proceden de la versión Reina-Valera

DEDICACIÓN

Dedicamos este libro
Al pueblo de Dios – salvados y santificados
por Cristo – llamados "grandes"
en el reino de los cielos.

Porque de cierto os digo,
que hasta que perezca el cielo y la tierra,
ni una jota ni un tilde perecerá de la ley,
hasta que todas las cosas sean hechas.
De manera que cualquiera que infringiere
uno de estos mandamientos muy pequeños,
y así enseñare á los hombres, muy pequeño será llamado
en el reino de los cielos:
mas cualquiera que hiciere y enseñare,
éste será llamado grande en el reino de los cielos.

—Mateo 5:18-19

Índice de Materias

INTRODUCCIÓN

"**¿T**iene usted estas enseñanzas en un libro?"

Su pregunta me tomó por sorpresa. Por lo general capto cuando alguien recibe una bendición a través de los mensajes bíblicos que comparto. Este reavivamiento resultó ser una buena serie. Dios tocó muchos corazones, pero pensé que el de este hombre no fue uno de ellos.

La noche anterior, él pareció estar agitado mientras yo enseñaba. Al saludarlo antes, en este día, su respuesta fue—muy—brusca.

"¿Tiene usted estas enseñanzas en un libro?" Cuando le respondí que *no*, me miró fijamente a los ojos y me dijo: "¡Eso es un pecado!"

Me agradan las personas que no titubean. Mueven las cosas y te ponen en acción. Reflexioné acerca de su comentario y reconocí que la instrucción venía del Señor.

El *tema* de la serie había sido "El fundamento del amor." Durante la última reunión, el Espíritu Santo me impresionó para que compartiera una enseñanza que no planificaba exponer—la diferencia entre el antiguo y el nuevo pacto.

Cada vez que he compartido mi testimonio de cómo el Señor me ha dirigido a través de mi estudio acerca de Sus pactos para enseñarme la verdad acerca de su "ley de Amor," la gente se me ha acercado con el pedido que lo escriba en un libro. Había planificado esto—quizá un día—pero ya yo había decidido cuál sería el tema de mi próximo libro.

De todos modos oré acerca de este nuevo sentido de dirección. De momento, alguien me convence de que mi demora es un pecado. Ya era tiempo de que pusiera estas enseñanzas en un libro. Al reconocer el llamado de Dios se lo mencioné a mi esposo J.D. Él se encargaría de hacerme responsable de completar la asignación.

En cuestión de días, hicimos un viaje a las oficinas centrales de La Cadena de los Tres Ángeles (3ABN). El primer día de nuestra visita, me entregó un manuscrito, *"Los Diez Mandamientos Dos Veces Eliminados."*

"¿Podría usted leer esto? Me gustaría saber su opinión. Los editores están listos, pero si usted tiene alguna sugerencia o algún comentario siéntase libre de marcar esta copia."

Eché un vistazo al contenido y para mis adentros me encogí. *¡Este es mi libro, Señor! La asignación que acabo de aceptar de parte Tuya. ¿Por qué me das una tarea que ya ha sido completada?*

Al leer el manuscrito, me quedé asombrada al ver cuán similares serían nuestras enseñanzas. Sin embargo abrigué la idea de que tal vez habría lugar para dos libros. El mío sería lo suficientemente diferente. Pero Dios tenía otro plan.

No le mencioné a Danny que yo pensaba escribir un libro con este mismo contenido, o que me sentía decepcionada de que él llegara a la meta primero que yo. Más tarde, durante la semana le sugerí algunos cambios para el primer capítulo y me ofrecí volver a escribirlo.

Después de leer el capítulo revisado me preguntó, "¿Cómo le gustaría escribir el libro completo nuevamente?"

Sin demora alguna estuve de acuerdo. Una vez que me lancé a la tarea el Señor me convenció de que debía incluir las enseñanzas que había guardado egoístamente—deseando dejarlas para *mi* propio libro. Aprendí que cualquier enseñanza que Dios me da es Su enseñanza, *no la mía.* Me arrepentí tomé la determinación de ponerlas sobre el altar para la gloria de Dios.

"Dios te ha de bendecir por esto," me dijo J.D. "No se trata acerca de quién se lleva el mérito. Se trata acerca de presentar la verdad de la mejor forma posible. El libro puede que exista mucho más tiempo que cualquiera de ustedes dos y puede ser que cambie muchas vidas."

Cuando primero acepté esta tarea, no esperaba ningún reconocimiento sino corazones agradecidos por mis esfuerzos. Este fue un trabajo de amor a Dios. Sin embargo, confieso, que luché brevemente un par de veces, "el yo" mostró su rostro desagradable—deseando el mérito por las enseñanzas que Dios me había mostrado. Sólo las oraciones fervientes ganaron la victoria.

Varias semanas más tarde, regresé a 3ABN. Había comentado con Danny acerca de algunos cambios a los primeros capítulos, pero no le había mostrado lo que había escrito después. El Señor de verdad que me sorprendió cuando Danny me dijo:

"Shelley, solamente añada su nombre como co-autor. Este va a ser su libro tanto como el mío."

"Gracias," murmuré, sin añadir otro comentario—muy extraño para mí. Pero hacia adentro, me regocijaba por la bondad del Señor. Dios había consumido mi sacrificio sobre el altar.

Los caminos de Dios son más altos que los nuestros. ¡Él siempre está a tiempo! Dios impresionó el corazón de dos de Sus hijos para escribir este libro para Su gloria. Él sabía que entre ambos haríamos algo único con este—Su libro—que ninguno de los dos sólo habría considerado.

Danny creció conociendo estas enseñanzas. Mi experiencia cristiana era muy diferente. Aunque yo era una estudiante seria de las Escrituras y trabajé en un ministerio de tiempo incompleto, había aceptado algunas doctrinas populares sin investigarlas a profundidad. Yo olvidaba y hasta rechazaba estas verdades bíblicas hasta que Dios intervino, en el umbral de mis cincuenta años de edad, cuando me enseñó una nueva y profunda manera de estudiar Su Palabra.

Dios confió este proyecto a dos personas, con diferentes perspectivas. Y trabajó en nosotros para que estuviéramos dispuestos a cooperar con el otro para Su gloria.

Hemos escrito *"Los Diez Mandamientos dos Veces Eliminados"* para borrar algunos errores populares que la comunidad cristiana promueve hoy. Como autores, era importante para ambos que el material presentado estuviera basado en la Biblia.

Para poner fin a las falsedades, era imperativo presentar suficiente apoyo bíblico. Así que, una gran parte de nuestro libro es en realidad un estudio bíblico muy minucioso. Aunque esta no es una lectura muy *liviana*, esperamos haber presentado estas verdades en una secuencia lógica y que sea una lectura *clara* y *convincente* para usted.

Como todo libro escrito por más de un autor, el nuestro se expone en la voz singular. He escogido escribir en la primera persona en la voz de Danny. Después de todo él escribió su manuscrito antes de que ni siquiera yo escribiera una palabra.

Mi oración es que Dios pueda ungir su mente y que el Espíritu Santo pueda ser su Maestro. Él puede revelar verdades más allá de las que están escritas aquí. Oro para que el Señor use este libro como instrumento en Sus manos para que usted pueda sentir hambre y sed por más de Su Verdad absoluta.

Al tratar de compaginar las gloriosas enseñanzas de Dios y presentarlas en mi propio estilo me hace sentir inadecuada. Pero, digo esto con toda humildad—habría deseado que alguien hubiese puesto un libro como este en mis manos hace cuarenta años atrás, no importa cómo lo hubieran explicado. La historia de mi vida habría sido diferente.

¿Qué quiero decir con esto? Dios cambió mi vida en el año 2000 cuando me llevó a un estudio exhaustivo de la Biblia. Me enseñó la verdad acerca de sus pactos y los Diez Mandamientos, Su Ley de Amor.

A través de esta experiencia aprendí a depender totalmente de Dios—confiando en Él para la santificación a través de la fe. *La salvación por la gracia* y *la justificación por la fe llegaron* a ser más que simplemente puntos de doctrina para mí. Dios sopló el aliento de vida sobre estos principios y éstos se convirtieron en míos a través de la experiencia. Tal vez la lección que más se destacó en mi aprendizaje es que la obediencia es el camino hacia Sus bendiciones.

Oro para que su experiencia sea la misma con nuestro amante Salvador.

—Shelley J. Quinn

1 DOS VECES ELIMINADOS

¿La agenda de quién estamos siguiendo? Al prohibirse la oración en las escuelas públicas, al prohibirse las escenas de la natividad en edificios públicos, y al forzar el retiro de monumentos con los Diez Mandamientos de las instituciones de gobierno, me causa pensar. Mientras he mirado las noticias durante los últimos años, me he dado cuenta que evidentemente no soy el único cristiano en los Estados Unidos que está preocupado.

En el pasado, personas de fe—no queriendo ser tildadas como lunáticas—simplemente susurraban: *Existe una agenda escondida para eliminar a Dios de nuestro gobierno.* Pero el panorama ha cambiado. La agenda ya no parece estar tan escondida. La purga de los Diez Mandamientos de las instituciones públicas despertó una reacción apasionada por parte de muchos grupos.

Consideremos la protesta en el caso del anterior magistrado de la Corte Suprema de Alabama Roy Moore, cuando sus defensores se apresuraron a apoyar la exhibición del monumento de los Mandamientos. Hoy por hoy escuchamos a dirigentes religiosos, laicos, y personas preocupadas sonando la alarma. Alrededor de mi residencia, miles de cristianos están ahora exhibiendo réplicas de los Diez Mandamientos desde sus patios.

¿Por qué? Hemos sido testigos de los tristes resultados de nuestro silencio—el efecto dominó resultante al no apoyar la

Palabra de Dios. Durante los últimos cien años dirigentes de gobierno y grupos ateos con intereses especiales han acelerado el ataque contra la Biblia.

Por ejemplo, nuestras escuelas públicas hoy enseñan la *teoría* de la evolución como *verdad* absoluta. Esto sorprendería o divertiría a Darwin, el autor de la teoría de la evolución. Hasta se ha reportado que él declinó muchas de sus suposiciones durante sus últimos años.

Sin embargo, en las instituciones públicas no se presenta a los estudiantes una alternativa a las especulaciones de Darwin. Los maestros no se atreven mencionar ni una sola palabra del recuento bíblico ni a apoyar la evidencia de un Dios amoroso con poder absoluto de creación. Lo que la mayoría de los "creyentes en la Biblia" aceptan como *verdad,* nuestro gobierno lo declara *tabú.*

¿Quiere decir entonces que la prohibición de todas las representaciones de la verdad bíblica transmite la idea que el gobierno de los Estados Unidos agrupa dentro de la categoría de "teoría" nuestras creencias fundamentales? ¿Se basan ahora las decisiones de la vida únicamente en lo que es "políticamente correcto"? ¿Qué ha sucedido desde que nuestra nación dejó de confiar en la suprema autoridad de la Palabra de Dios?

Una cosa sabemos, el desprecio por los Diez Mandamientos ha engendrado la degeneración moral de nuestra sociedad. Lo que antes se consideraba *pecado* ahora es una *opción.* La Biblia nos advierte en Romanos 6:23, "Porque la paga del pecado es muerte."

¿Qué persona intelectualmente honesta puede negar las consecuencias del pecado actualmente? Consideremos tan sólo los abortos y las enfermedades transmitidas sexualmente—engendradas por el comportamiento sexual promiscuo entre heterosexuales y la política de promover el estilo de vida homosexual—que ha resultado en cientos de miles de muertes innecesarias.

El desprecio por los Mandamientos de Dios es notorio dentro de la industria del entretenimiento. Ya no existen los días de *I Love Lucy* y *El Pequeño Travieso*. Los cómicos se mofan de la moral "anticuada." Las dramatizaciones burlan a Dios en cada acto.

Al promoverse pecados en búsqueda del placer propio más ampliamente, la indulgencia del egoísmo aumenta. El sexo, la pornografía, la violencia y el crimen se han convertido en la norma aceptable para la industria del entretenimiento.

Bombardeada con imágenes inmorales, la juventud norteamericana sufre. El asalto a los valores norteamericanos ha proliferado los embarazos adolescentes, los suicidios, el tráfico de drogas ilegales, la violencia escolar y las matanzas en cadena por jovencitos con acné facial.

La eliminación de los Diez Mandamientos de las escuelas públicas ha tenido repercusiones más allá de las preocupaciones reprimidas del cristianismo. Donde no hay ley moral, no existe ley de decencia a quebrantar. La gente queda libre a actuar sin restricciones.

¿No es acaso ya tiempo de restaurar los valores morales en Norteamérica? ¿No cree que la línea divisoria entre el bien y el mal ya implora ser definida?

El pecado debe ser definido para que podamos reconocer que estamos atrapados en sus redes. Dios nos dio una definición clara del pecado en Sus Diez Mandamientos. Sin ella el mundo no puede reconocer su condición lamentable o su necesidad de un Salvador.

Es necesario que brille el faro de la Palabra de Dios en nuestra oscuridad moral antes que busquemos la solución de un Dios de amor. ¿Qué otra cosa nos motivaría para volvernos a Cristo con arrepentimiento genuino y aceptarlo como Salvador?

Cuando el resplandor de Su luz entra en nuestras vidas, le confesamos nuestros pecados. Al ganar un nuevo comienzo, nos gozamos en la seguridad de que Dios es fiel en perdonarnos nuestros pecados y limpiarnos de toda maldad (1 Juan. 1:9).

¿Los resultados? Desaparecen el sentido de culpabilidad y de condenación que hospedaban la desesperación. A través del poder del Espíritu Santo, alcanzamos la victoria sobre el pecado. Y como Cristo prometió, comenzamos a experimentar una vida "más abundante" (Juan. 10:10).

Pero donde no hay reconocimiento del pecado, no hay arrepentimiento ni perdón. Un pueblo separado de Dios está sin esperanza, un pueblo sin esperanza se convierte en un pueblo dañino. La desesperación engendra un comportamiento peligroso.

Los cristianos reconocen esto. Desean que el mundo lo entienda. Por eso es que la iglesia, pasiva por tantos años, está brincando a la acción. Muchos se han levantado para protestar contra la eliminación de los Diez Mandamientos por nuestro gobierno.[1] La controversia ha encendido una pasión y, nuevamente, la iglesia ha girado el foco de la atención pública hacia los Mandamientos de Dios para abogar la causa.

Sin lugar a dudas, la comunidad cristiana apoya la mayor parte de los Diez Mandamientos. Sin embargo, hay que contestar algunas preguntas. Me parece que existe una contradicción.

Una cantidad innumerable de cristianos—envueltos en una batalla para detener la destrucción pública de los Mandamientos de Dios—se aferran a ciertas creencias que contradicen su conducta. Parece como si debieran explicar algunas cosas.

He aquí una pregunta que me gustaría hacerles: *¿Por qué es importante que nuestro gobierno muestre públicamente los Diez Mandamientos, si ustedes creen que éstos fueron clavados en la Cruz?* O, qué de esta otra: *Si los Diez Mandamientos son tan importantes para la sociedad, ¿por qué guardan solamente nueve?*

Si alguna de estas dos preguntas podrían ser dirigidas a usted, permítame hacerle otra. ¿Ha hecho alguna vez un estudio exhaustivo de la Ley de los Diez Mandamientos de Dios? Puede que sea un estudiante conocedor de la Biblia, tal vez hasta pastor. Pero, ¿ha profundizado en las Escrituras acerca de este tema en particular por usted mismo? Espero que mi pregunta no parezca ruda. No es mi intención ofender. Simplemente digo esto porque me he encontrado con muchos cristianos que defendían estas creencias hasta que investigaron la Biblia para encontrar una respuesta definitiva.

Es más, cuando primero conocí a Shelley Quinn (la coautora de este libro) esto es lo que ella me dijo: "Durante toda mi vida se me enseñó que los Diez Mandamientos se habían clavado en la cruz. Cuando acepté el llamado para trabajar en el ministerio a tiempo completo, el Señor me impresionó con esta idea, 'Olvida lo que tú crees que sabes y ven, siéntate a Mis pies—Yo te enseñaré.'

"Todavía, sin embargo, confieso que fui a la Biblia para probar que mis creencias eran precisas. ¡Pero Dios me probó que estaba errada!

"Al investigar la Biblia por mí misma, me maravillé cuán clara es la verdad en este aspecto. Me di cuenta que había un mandamiento que yo no estaba guardando—el Sábado. ¡Después de estudiar el propósito de Dios para el sábado, me convertí en una gozosa guardadora del Sábado!"

Muchos cristianos han compartido esta misma serie de acontecimientos. Un estudio profundo de las Escrituras les ha provisto evidencias contundentes para corregir sus creencias. Estos mismos cristianos están hoy celebrando los Mandamientos de Dios—¡todos!

Estoy convencido de que debemos confiar en que Dios sabía exactamente lo que hacía al preparar los Diez Mandamientos. Sí, ¡Él los puso en un sólo envase! En el

Nuevo Testamento en el libro de Santiago, se nos advierte que si quebrantamos un mandamiento, somos culpables de quebrantarlos todos (Santiago 2:10).

Y no pasemos por alto el consejo de Cristo. Él dijo que si quebrantamos uno de los más pequeños—o si enseñamos a otros a hacer lo mismo—seremos llamados "muy pequeños" en el reino de los cielos (Mateo 5:19). ¿Debieramos convenientemente barrer Sus instrucciones bajo la alfombra y olvidarnos de ellas?

La mayor parte de las iglesias cristianas de hoy no observan los Diez Mandamientos como una unidad combinada. Lo máximo es que se adhieren a nueve de ellos. Mi pregunta es esta: *¿Tenemos nosotros la autoridad para escoger cuáles de los Diez Mandamientos hemos de observar?*

Tristemente, la mayor parte de los cristianos ignoran el que Dios estableció para nuestro gozo desde el principio del tiempo. El mandamiento olvidado es precisamente el que Dios nos pide que *recordemos* y que lo santifiquemos—que ese tiempo sea "enteramente" para Él. Me refiero al Sábado, el séptimo día.

Puede ser que esto le parezca insignificante en estos momentos, pero se asoma de manera amenazante en el horizonte del futuro inmediato. Los escritores bíblicos profetizaron que un poder establecería su propia agenda y "pensaría" en cambiar la Ley inmutable de Dios (los Diez Mandamientos). Estamos viviendo el cumplimiento de esa profecía actualmente.

Por esta razón, ¿no cree que es crucial examinar las Escrituras y pedir al Espíritu Santo que revele las verdades de Dios?

¿A quién pertenece la agenda que controla a la mayoría de la cristiandad hoy en día? No cabe duda en mi mente que la agenda que se sigue a ciegas no la originó Dios o el hombre. El enemigo principal de Cristo impulsó este plan para ponerlo en práctica.

Satanás no solamente está teniendo éxito al proponer el plan de eliminar los Diez Mandamientos de las instituciones de gobierno, ya ha alcanzado el éxito al eliminarlos del corazón de la mayoría de los cristianos.

Siendo que la Ley de Dios de Los Diez Mandamientos es un conjunto de propuestas y al quebrantar uno somos hechos culpables de quebrantarlos todos, entonces tenemos que llegar a la conclusión de que los Diez Mandamientos han sido eliminados *dos veces*—no solamente por el gobierno, sino por muchas de nuestras iglesias también.

Venga conmigo y examinaremos las Escrituras para determinar lo que la Biblia tiene que decir acerca de este asunto tan importante. ¿Cuál fue el "pacto escrito" que Cristo clavó en la cruz? ¿Es que, como creemos algunos, hemos sido liberados de guardar todos los Diez Mandamientos porque hemos encontrado "descanso" en Jesús y ya no necesitamos el descanso Sabático?

¿Es que Dios transfirió la santificación de Su Sábado del sábado al domingo a partir de la resurrección de Cristo? ¿Sabemos por qué vamos a la iglesia el día domingo en vez del día sábado? Utilizando la Biblia como nuestra guía, examinaremos todo esto y mucho más al investigar la verdad sobre este tema tan crucial.

¿La agenda de quién estamos siguiendo? Lo averiguaremos al profundizar en este estudio. A la luz de Su Palabra, creo que Dios nos revelará claramente la verdad. Entonces, nos quedará solamente una pregunta:

Una vez quede revelada la verdad ¿la agenda de quién decidiremos seguir?

---

1 Entiendo que lo que mueve a algunos a protestar la eliminación de los Diez Mandamientos es la libre expresión pública de las creencias religiosas y no necesariamente la aplicación actual a la Ley de Dios.

Al otro lado de la línea de piquete, algunos de los que creen en los Mandamientos de Dios se oponen a esta demostración basados solamente en la separación de la iglesia y el estado.

Que conste que creo en la separación del estado y la iglesia. Una breve repaso a la historia mundial nos mostraría que cada vez que la iglesia ha tratado de regir en el gobierno, o viceversa, el resultado ha sido una persecución violenta.

Aun así apoyo el derecho a la libre expresión de las creencias personales tanto en el sector privado como en el público.

Y quizá la demostración pública de los Mandamientos de Dios, al brillar su luz para sobre el comportamiento libertino, cause a la gente a reconocer una ley moral superior.

2

OBSERVARLOS
O
NO OBSERVARLOS

J esús dijo "El Hijo del hombre vino a buscar y a salvar lo que se había perdido ... Yo soy el camino, la verdad, y la vida. Nadie viene al Padre sino por mí" (Lucas 19:10; Juan 14:6).

A Cristo le apasiona salvar al perdido. Fue que Él enfatizó las parábolas de la oveja perdida, la moneda perdida, y el hijo perdido, con gozo exuberante al recobrarlos. El propósito de Su venida fue destruir la obra del diablo—buscar y salvar lo que se había perdido.

Las personas de la fe cristiana comprenden que "estar separados" del Señor Jesús significa estar "perdidos." Como seguidores de Cristo, se nos ha enseñado que nuestro privilegio (y nuestra obligación) es compartir las buenas nuevas de la salvación.

El reino de Dios avanza a medida que aquellos que han sido *salvados* por Jesús—el Camino, la Verdad y la Vida—comparten su testimonio y ministran a aquellos que están espiritualmente *perdidos*. Pero ¿cómo reconocemos quién está perdido?

Cuando escuchamos a una persona de lenguaje obsceno usando el nombre de Dios en vano, creemos que necesita escuchar acerca del santo y justo Dios de amor. Si vemos a alguien viviendo en adulterio o adorando a "otros dioses," entendemos que no están unidos a Cristo. Si leemos acerca de un hombre que acaba de asaltar un banco o que asesinó a alguien, sabemos que necesita experimentar el poder salvador de Jesús.

Cada vez que las acciones de una persona reflejan una notoria indiferencia hacia los Mandamientos de Dios, reconocemos que está separada de Cristo. La Biblia los clasifica como perdidos—*espiritualmente muertos.*

"Y en esto sabemos que nosotros le conocemos, si guardamos sus mandamientos. El que dice: Yo le conozco, y no guarda sus mandamientos, el tal es mentiroso, y la verdad no está en él" (1 Juan 2:3, 4).

¿Puede alguien conocer a Cristo sin obedecer Sus Mandamientos? Lea ese versículo nuevamente. Luego considere cómo es que Juan nos describe quiénes son los hijos de Dios: "Si sabéis que Él es justo, sabed también que todo el que hace justicia es nacido de Él" (1 Juan 2:29).

La Biblia define muchas cosas como pecado. La murmuración, la jactancia, la incredulidad, y la blasfemia se categorizan como pecado. Pablo nos dice que cualquier cosa que no provenga de la fe es pecado (Romanos 14:23). Santiago nos dice que si sabemos hacer lo bueno y rehusamos hacerlo, estamos pecando (Santiago 4:17), mientras que Juan nos dice que toda maldad es pecado (1 Juan 5:17). Estos versículos explican las actitudes y acciones que entran en la categoría de pecado, pero proveen una definición clara de lo que es el pecado.

¿Cómo sabemos lo que debemos hacer? ¿Cómo reconocemos lo que es maldad? La desobediencia a los mandamientos de Dios es lo opuesto a poner en práctica la justicia. De hecho, ¿sabía usted que esto es lo que define la Biblia como pecado?

"Todo aquel que comete pecado, infringe también la ley; pues el pecado es infracción de la ley" (1 Juan 3:4). Ahí está— la única definición clara del pecado en la Biblia. El pecado es infracción de la ley, quebrantar la Ley de Dios—ya sea mediante la duda, el no creer, la apatía, o la rebelión.

La norma mediante la cual somos juzgados es los Diez Mandamientos, los cuales constituyen la forma correcta de Dios para pensar y actuar. Aun la falta de fe viola Sus mandamientos, porque hemos hecho un ídolo del razonamiento humano, elevando nuestra opinión por encima de la Palabra de Dios.

"El que practica el pecado es del diablo; porque el diablo peca desde el principio ..." (1 Juan 3:8). El pecado nos separa de Dios. La separación de Dios nos roba la oportunidad de la vida eterna con Él. Satanás es el maestro en la separación. Su objetivo es causar la separación entre Dios y nosotros introduciendo el pecado.

¿Por qué es que los cristianos consideran acciones tales como tomar el nombre de Dios en vano, servir a otros llamados dioses, deshonrar a los padres, matar, el adulterio, robar, mentir, y la envidia como pecado? Porque sabemos que estas acciones quebrantan la Ley de Dios.

Pero hay más al hablar de la Ley de Dios de los Diez Mandamientos, y eso nos presenta un problema.

¿Cómo reaccionaría usted si utilizáramos el cuarto mandamiento para ilustrar la "infracción de la Ley" podría separarlo de un Salvador amante? Al sugerir que si se ignora el séptimo día (el sábado) es quebrantar la Ley de Dios, muchos cristianos cambian de bando.

Las mismas personas que decían "amén" a la lista de pecados mencionada antes saltan al otro lado y dicen, "¡Un momento! Los Diez Mandamientos fueron clavados en la cruz. Ya no tienen valor."

Aparentemente las personas en este bando escogen creer que el único mandamiento que fue clavado en la cruz fue el santo Sábado de Dios—el día que fue designado por Dios para que desarrollemos una íntima relación con Él.

Me gozo cuando la Biblia declara que "la escritura de las ordenanzas" fue clavada en la cruz. Vamos a hablar de ello en detalle. Espero que la Escritura pueda probarle que este versículo se refiere a la Ley de Moisés.

Entre otras evidencias bíblicas que examinaremos, veremos si el Sábado de Dios fue instituido en la creación y si los Mandamientos se conocían antes del monte Sinaí. Los grandes patriarcas Abrahán, Isaac, y Jacob, ¿guardaron *todos* los Diez Mandamientos de Dios?

Pero por ahora, déjeme lanzarle algunas observaciones para aquellos que creen que el sábado de Dios fue eliminado en la cruz—

1. "Orad, pues, que vuestra huida no sea en invierno ni en sábado" (Mateo 24:20).

   En el contexto de este pasaje bíblico (Mateo 24:15-24), Cristo nos advirtió acerca de un tiempo de tribulación que ocurriría muchos años *después de Su muerte*. Si Jesús sabía que el sábado no iba a estar ya en vigencia después de Su resurrección, ¿por qué instruyó a sus seguidores que oraran para que su huida no fuese en sábado?

2. "Porque de cierto os digo que hasta que pasen el cielo y la tierra, ni una jota ni una tilde pasará de la ley, hasta que todo se haya cumplido" (Mateo 5:18).

   Sabemos que aquí Cristo se refirió a la ley de los Diez Mandamientos—expandiéndose más allá de simplemente la "letra" de la Ley e incluir el "espíritu" de la Ley. Él identificó el demostrar la ira y usar un vocabulario abusivo con el espíritu de asesinato (v. 21-23). Él describió la mirada codiciosa como adulterio espiritual (v. 27, 28).

   ¿No cree usted que si Dios intentaba abolir el mandamiento del sábado en el momento de su resurrección, Él habría testificado que la Ley de Dios sería cambiada *antes* de que el cielo y la tierra pasasen?

   Las profecías del Antiguo Testamento acerca de la venida del Mesías y acerca del fin del mundo no serán completamente cumplidas hasta que el pueblo de Dios finalmente se vista de inmortalidad a la "final trompeta" (véase 1 Corintios 15:50-58).

3. El Señor dice, "Porque como los cielos nuevos y la tierra nueva que yo hago permanecerán delante de mí ... de sábado en sábado, vendrán todos a adorar delante de Mí ..." (Isaías 66:22, 23).

   Si el sábado fue eliminado en el momento de Su resurrección porque hemos encontrado el reposo en Cristo, ¿por qué Dios lo ha de restaurar en el nuevo cielo y en la nueva tierra? Por toda la eternidad, el pueblo redimido de Dios ha de reunirse cada día séptimo para adorar en forma especial y confraternizar con nuestro Dios Creador.

4. "Acuérdate del día de reposo para santificarlo." (Éxodo 20:8). ¿A qué se debe que el cuarto mandamiento es el único de entre los Diez que comienza con la palabra "acuérdate"?

¿Sabe usted qué es lo que más me sorprende a mí? Muchas iglesias están de acuerdo en que la Ley de los Diez Mandamientos está en vigencia hoy, pero escogen ignorar el cuarto mandamiento. En este libro, nos referiremos a declaraciones por parte de católicos, bautistas, metodistas, luteranos, episcopales, y otros que apoyan la Biblia.

Todos ellos afirman que el día séptimo (el sábado) del cuarto mandamiento nunca fue cambiado o "anulado" en el Nuevo Testamento. De hecho, confiesan que guardar el domingo es la tradición del hombre, en vez de ser inspirado por Dios a través de Su Palabra.

Van más allá aún al admitir que no hay ni una sola cita bíblica que autorice el cambio del sábado al domingo. Está claro en las mentes de todos estos cristianos que Dios nunca ordenó el cambio que el hombre ha hecho a Su ley. Sin embargo, practican la tradición del hombre al guardar el domingo.

He aquí lo que dice Spurgeon, el popular bautista del siglo diecinueve, acerca de los Diez Mandamientos:

"La Ley de Dios es divina, santa, celestial, perfecta. Aquellos que encuentran falta en ella o que en lo mínimo la degradan, no entienden su diseño, y no tienen ninguna idea acerca de la ley misma. Pablo dice, 'La ley es santa, pero yo soy carnal; vendido bajo el pecado.' En todo lo que decimos acerca de la justificación por la fe, nunca ha sido la intención de rebajar la opinión que nuestros oyentes tienen acerca de la Ley, porque la Ley es una de las obras más sublimes de Dios. …

"No hay un mandamiento de más; no hay uno de menos; sin embargo es tan *incomparable*, que su *perfección* es prueba de su divinidad. Ningún dador de leyes humano pudo haber brindado tal ley como la que encontramos en el Decálogo [los Diez Mandamientos]. Es una ley perfecta; porque cada ley humana que se considera correcta se encuentra en el compendio breve y epítome de todo lo que es bueno y excelente hacia Dios; o entre hombre y hombre" (C. H. Spurgeon, *Sermons*, 2nd series, sermon 18, p. 280).

"La Ley del SEÑOR es perfecta, que convierte el alma …" (Salmo 19:7). ¿Puede el hombre mortal atreverse a cambiar, borrar, o ignorar aun uno de los Diez Mandamientos? ¿Qué es lo que mueve al cristiano sincero, temeroso de Dios a ignorar las instrucciones específicas del Señor relacionadas con el cuarto mandamiento?

Los Diez Mandamientos—*¿guardarlos o no guardarlos?* Esta es una pregunta muy seria.

Se convierte en una deuda consigo mismo el examinar este importante tema a la luz de la Palabra de Dios para encontrar la respuesta. Es imperativo que conozcamos la verdad.

Pero, puede que usted piense, *¿es posible que la mayor parte de los que creen en la Biblia estén equivocados en este asunto?* Permítame preguntarle esto—acaso ¿no estaban en error la mayoría de las personas que creían en la Biblia durante la primera venida de Jesús?

No creo que podamos confiar en lo que practica la "mayoría". Jesús nos amonestó que las masas seguirían el camino que lleva a la perdición. En contraste, Él nos dice que la puerta que lleva a la vida eterna es angosta—y sólo algunos son los que la hallan (Mateo 7: 13, 14).

Es el deseo de Satanás destruirnos causando separación entre nuestro Padre Celestial y nosotros. El pecado engendra separación. Como estudiamos antes, la definición bíblica del "pecado" es la trasgresión, o el quebrantamiento, de la Ley de los Diez Mandamientos de Dios. Puede investigar la Biblia desde el Génesis hasta el Apocalipsis y encontrará que no hay otra definición para el pecado que sea más clara e inclusive.

Al compartir esta verdad en el pasado, me he sorprendido por la reacción de algunos que han dicho, "Bueno—¡esa es *tu* opinión!" Le puedo asegurar que no es solamente mi creencia personal.

Escuche lo que dijo Billy Graham: "Como Wesley, encuentro que yo tengo que predicar primero acerca la ley y el juicio antes que de la gracia y el amor. ... Los Diez Mandamientos ... son las leyes morales de Dios para regir la conducta del mundo. Algunos piensan que se han revocado. Eso no es cierto. Cristo enseñó la ley. Está en vigor hoy. Dios no ha cambiado. La gente ha cambiado ... .

"Todos los que han vivido, con la excepción de Jesucristo, han quebrantado los Diez Mandamientos. *El pecado es la trasgresión de la Ley* [énfasis añadido]. La Biblia dice que todos hemos pecado y estamos destituidos de la gloria de Dios. Los Diez Mandamientos son un espejo para mostrarnos cuan cortos estamos en el cumplimiento del estándar de Dios. Y el espejo de nuestras faltas nos lleva a la Cruz, donde Cristo pagó la deuda por el pecado. El perdón se encuentra en la Cruz, y en ningún otro lugar, de acuerdo con la Biblia ..."

(George Burnham and Lee Fisher, *Billy Graham and the New York Crusade*, pp. 108, 109).

Cristo vino a salvar la humanidad destruyendo las obras del diablo. "Si vosotros permaneciereis en mi palabra, seréis verdaderamente mis discípulos; y conoceréis la verdad, y la verdad os hará libres" (Juan 8: 31, 32). La Verdad es una persona—y Cristo reclama esa prerrogativa, "Yo soy ... la verdad" (Juan 14:6). Cuando caminamos en la verdad de nuestro amante Salvador, Él, verdaderamente nos dará la libertad.

Pido, por la gracia de Dios, que al presentar la verdad acerca de la Ley de Dios, pueda presentar el más hermoso Jesús que usted haya conocido. ¿Qué quiero decir con esto? Al estudiar con más detalles, encontraremos que en realidad la Ley de los Diez Mandamientos es una transcripción, una imagen reflejada en el espejo, del mismo carácter amoroso de Dios.

La pequeña gráfica a continuación muestra cómo la Ley de los Diez Mandamientos refleja Su carácter. El Espíritu Santo inspiró a hombres para registrar las maravillas del carácter de Dios mostradas a ellos a través de Su Ley.

SU CARÁCTER	LA LEY DE LOS DIEZ MANDAMIENTOS
Dios es Perfecto	La Ley es Perfecta (Salmo 19:7; Santiago 1:25)
Dios es Santo	La Ley es Santa (Romanos 7:12)
Dios es Espíritu	La Ley es Espiritual (Romanos 7:14)
Dios es Amor	La Ley es Amor (1 Timoteo 1:5; Romanos 13:10)
Dios es Luz	La Ley es Luz (Proverbios 6:23)
Dios es la Verdad	La Ley es la Verdad (Nehemías 9:13; Salmo 119:142, 151)
Dios es Justicia	La Ley es Justicia (Romanos 8:4)
Dios es la Justicia	La Ley es la Justicia (Salmo 119:172)
Dios es Justo	La Ley es Justa (Romanos 7:12)

Dios es Puro	La Ley es Pura (Salmo 19:8)
Dios es Bueno	La Ley es Buena (Romanos 7:12; 1 Timoteo 1:8)
Dios es Fiel	La Ley es Fiel (Salmo 119:86)
Dios es Sabiduría	La Ley es Sabiduría (Salmo 111:10; Salmo 119:98)
Dios es Grande	La Ley es Grande (Oseas 8:12)
Dios es el Dios de Paz	El amor a la Ley trae Paz (Salmo 119:165)
Dios No Cambia	La Ley no cambia (Mateo 5:18)

Mi oración es que Dios pueda guiarnos a todos hacia un conocimiento íntimo del "camino, la verdad, y la vida." Pido al Espíritu Santo que destruya todas las dudas y los engaños que el diablo ha mostrado acerca de la Ley de Dios.

Y pido que Cristo busque y salve aquello que ha sido perdido por la mayoría—la verdad de Su Ley de los Diez Mandamientos.

3
DOS LEYES, DOS PACTOS
—DESENREDANDO LA CONFUSIÓN
PARTE 1

"Fueron halladas tus palabras, y yo las comí; y tu palabra me fue por gozo y por alegría de mi corazón; porque tu nombre se invocó sobre mí, oh Jehová Dios de los ejércitos" (Jeremías 15:16).

¿No resulta estimulante cuando las verdades de Dios nos quedan reveladas? Cuando el Espíritu Santo nos ilumina el entendimiento sobre las Escrituras—exponiendo la esencia de la verdad de Dios que nos era velada antes—tenemos razón para regocijarnos. ¡Dios nos habla!

Desdichadamente, las demandas de nuestro mundo apresurado, la alta tecnología, y la multimedia compiten con nuestra devoción al estudio de la Biblia. ¡Compiten y demasiadas veces ganan! La mayoría de cristianos de hoy ya faltos de tiempo le dan poco esfuerzo al estudio serio de la Biblia.

La mayoría de cristianos dependen solamente de lo que se les enseña a través de su denominación. Sabemos lo *qué* es lo que creemos, pero no siempre podemos explicar bíblicamente *por qué* lo creemos. Esto nos coloca en una condición espiritual precaria.

Hay tantas convicciones conflictivas dentro de la comunidad cristiana. ¿Cómo sabemos—con certeza—que lo que creemos *es* la verdad? Solamente hay una forma. Tenemos que buscar las Escrituras por nosotros mismos. Jesús dijo que si continuamos en Su Palabra, hemos de conocer la verdad—y la verdad nos hará libres (Juan 8:31, 32).

Tal vez una de las verdades más malentendidas de la Biblia hoy en día es la diferencia entre las dos grandes divisiones de *"la ley."* Este malentendido causa confusión en el contraste que hay entre el Antiguo Pacto y el Nuevo Pacto. En este capítulo y en el próximo, hemos de examinar lo que la Biblia revela acerca de estos temas y hemos de esclarecer la verdad. Este estudio conciso a vuelo de pájaro se escribió para el cristiano que carece de tiempo. En sólo un corto tiempo, podrá comprender claramente cómo las Escrituras definen las dos leyes de la Biblia, y el Antiguo Pacto y el Nuevo Pacto.

"Procura con diligencia presentarte a Dios aprobado, como obrero que no tiene de qué avergonzarse, que usa bien la palabra de verdad" (2 Timoteo 2:15).

¿Quiere saber por sí mismo lo que la Biblia en verdad dice? Este estudio le ayudará a hacer que la verdad le sea clara y sencilla. Esto establecerá un fundamento básico para poder comprender la Palabra de Dios y Su voluntad para usted el día de hoy.

Las Dos Grandes Leyes de la Biblia

Muchos cristianos creen que la Ley de los Diez Mandamientos fue clavada en la cruz. Basan esta creencia en Colosenses 2:14, "anulando el acta de los decretos que había contra nosotros, que nos eran contraria, quitándola de en medio y clavándola en la cruz."

Es de importancia crítica el determinar la naturaleza exacta del *"acta de los decretos"*—este código escrito con todas reglamentaciones y requerimientos que fue clavado en la cruz. ¿Eran éstos los Diez Mandamientos de Dios? ¿O era este en verdad el Libro de la Ley, escrito por Moisés?

La Biblia habla de dos grandes "leyes":

1. La Ley de Dios (los "Diez Mandamientos" o las "dos tablas del Testimonio"), también conocidos como la Ley Moral, la Ley del Amor, y el Decálogo.

2. La Ley de Moisés (el "Libro de la Ley," o "el Libro del Pacto"), también conocido como la Ley Ceremonial y la Ley Mosaica.

Dios estableció en forma única los maravillosos propósitos que Él quiso para la función de estas dos leyes. Pero, un entendimiento opaco de las diferencias de las dos ha llevado a muchos cristianos sinceros a la confusión—especialmente al interpretar las referencias del Nuevo Testamento con relación a *la ley*.

¿Por qué es que hay tanta confusión? Los escritores bíblicos en muchas ocasiones usan el singular de la palabra "ley" para referirse a la *Ley de Dios* o la *Ley de Moisés*. Si no tenemos un entendimiento claro de sus propósitos, es fácil perder el contexto de lo escrito y llegar a conclusiones erróneas.

Por ejemplo, Pablo escribió: "Porque todos los que dependen de las obras de la ley están bajo maldición. ... por la ley nadie se justifica para con Dios. ... la ley no es de fe. ... Cristo nos redimió de la maldición de la ley" (Gálatas 3: 10-13).

Sin embargo, también fue inspirado a escribir: "¿Luego por la fe invalidamos la ley? En ninguna manera, sino que confirmamos la ley. ... De manera que la ley a la verdad es santa, y el mandamiento santo, justo y bueno" (Romanos 3:31; 7:12).

¿Puede identificar a cual de las dos leyes se refería Pablo en estos dos pasajes? Al terminar este estudio, usted sabrá que en Gálatas 3:10-13, él se refirió a la *ley de Moisés*—y en Romanos 3:31 y 7:12, se refería a los Diez Mandamientos, *la Ley de Dios,* establecida en nuestros corazones por la fe.

¿Alguna vez ha sentido como si una nube de confusión restara sobre los escritos de Pablo? Esa niebla se evaporará rápidamente al examinar las diferencias entre estas leyes.

Al tener un entendimiento más claro, podríamos entrar en el Nuevo Testamento y correctamente esclarecer la palabra de verdad. Cuando leamos los escritos del apóstol

Pablo acerca de "la ley", podremos estudiar el contexto y determinar si se refiere a la Ley de Dios, o a la Ley de Moisés. Pablo fue el autor del libro a los Colosenses. Bajo inspiración divina, escribió que Cristo clavó en la cruz "el acta de los decretos" que había *contra* nosotros. Una errada interpretación mantiene a algunas personas declarando que Pablo enseñó que la Ley de Dios está obsoleta.

Cuando usted complete este capítulo y el próximo, espero que pueda ver que Pablo nunca tuvo la intención de que el acta de los decretos *contra* nosotros se confundiera con la Ley de Dios de los Diez Mandamientos. Dejaremos que la Biblia pruebe que Pablo nunca descartó la Ley de los Diez Mandamientos que Dios escribió con su propio dedo en tablas de piedra.

La Biblia nunca se contradice. Los escritores bíblicos no se oponen unos a otros. Las contradicciones nacen al sacar los escritos bíblicos fuera de contexto y al aplicarlos incorrectamente. A primera vista, algunos textos *parecen* contradecirse. En estos casos, es importante examinar el contexto primero, y luego investigar otras enseñanzas bíblicas sobre el tema.

A veces es necesario consultar el texto en el idioma original en que se escribió para poder entender claramente la intención del escritor al escoger esas palabras. Tal vez usted es como yo al considerarse afortunado de siquiera poder hablar español. Hoy, ese no es un problema para los estudiantes de la Biblia—aun para aquellos que tienen "limitaciones lingüísticas." Hay muchas ayudas disponibles que nos proveen un creciente conocimiento de palabras en griego y en hebreo.

"Toda la escritura es inspirada por Dios, y útil para enseñar, para redargüir, para corregir, para instruir en justicia, a fin de que el hombre de Dios sea perfecto, enteramente preparado para toda buena obra" (2 Timoteo 3:16, 17). Cuando Pablo escribió estas palabras, se refería al Antiguo Testamento. Sin embargo, su aseveración también es cierta acerca del Nuevo Testamento. Su referencia fue inspirada para *incluir* y no para *excluir*.

Puede estar seguro que Dios nunca se contradijo a Sí Mismo al compartir Sus pensamientos divinos con los tantos escritores bíblicos. ¿Puede ver por qué no puede haber desacuerdo entre los escritos del Antiguo y el Nuevo Testamento? Si estamos confundidos por lo que parece ser contradictorio, tenemos que buscar en las Escrituras de ambos Testamentos para vencer nuestro conocimiento limitado.

Algunas personas se consideran ser "cristianos del Nuevo Testamento," dando a entender que solamente consultan el Nuevo Testamento para las enseñanzas. Desdichadamente, alguien enseñó a estos creyentes bien intencionados que el Nuevo Testamento canceló las enseñanzas del Antiguo Testamento. Pablo no está de acuerdo. Él dijo que Dios inspiró "toda la Escritura" para estar preparados para toda buena obra.

El Antiguo Testamento contiene un volumen de la *Escritura para prepararnos* cinco o seis veces más grande que el Nuevo. Es imposible interpretar uno sin el otro—el Antiguo Testamento contiene el Nuevo y el Nuevo explica el Antiguo. Usted encontrará a Cristo Jesús en cada libro de la Biblia.

El Cristo resucitado le dijo a sus discípulos, "Estas son las palabras que os hablé, estando aún con vosotros: que era necesario que se cumpliese todo lo que está escrito de mí en la ley de Moisés, en los profetas y en los salmos" (Lucas 24:44).

Jesús también dijo, "Por eso todo escriba docto en el reino de los cielos es semejante a un padre de familia, que saca de su tesoro *cosas* nuevas y *cosas* viejas" (Mateo 13:52).

Hay tesoros espirituales en el Antiguo Testamento y en el Nuevo Testamento. El error de eliminar el Antiguo Testamento ha cerrado la puerta para entender la naturaleza *eterna* de la Ley de Dios de los Diez Mandamientos.

¿Sabía usted que el Antiguo Testamento revela que la Ley de Dios estaba en vigencia antes de ser entregada en tablas de piedra en el Monte Sinaí? Hemos de ver esto en el capítulo cinco, donde aprenderemos que el pueblo de Dios violó Sus Diez Mandamientos, lo cual lo obligó a instituir la Ley de Moisés.

Si eliminamos el Antiguo Testamento, no podemos saber que Moisés escribió el Libro de la Ley (la "Ley de Moisés"), o que registró aproximadamente 640 *ordenanzas* con su propio dedo. Sin este conocimiento, ¿cómo podemos ni tan siquiera comenzar a entender que las "ordenanzas escritas" que fueron clavadas en la cruz era la Ley de Moisés? ¿Cómo podemos aprender que la ley moral de Dios—los Diez Mandamientos—es eterna y la única definición de pecado que existe en la Biblia?

"Todo aquel que comete pecado, infringe también la ley; pues el pecado es infracción de la ley" (1 Juan 3:4). El pecado es ignorar la Ley de Dios. Reconocemos que el homicidio, el robo, la mentira, el adulterio, el odio, la profanación, y toda clase de pecado existe hoy. ¿No es cierto que nuestro mundo está en caos debido al pecado? Para darnos cuenta de que existe el pecado en el mundo, tiene que haber una ley que esté en vigencia que defina el pecado como "pecado."

El Antiguo tanto como el Nuevo Testamento están de acuerdo, "El alma que pecare, esa morirá. ... Porque la paga del pecado es muerte ..." (Ezequiel 18:20; Romanos 6:23). Es imposible que exista el pecado *a menos* que haya una ley que lo defina.

Podemos aplicar este principio a cuando comenzó el tiempo, solamente había dos personas creadas sobre nuestro planeta. Dios dio instrucciones a Adán y Eva, "De todo árbol del huerto podrás comer, mas del árbol de la ciencia del bien y el mal no comerás ..." (Génesis 2:16, 17).

Dios les advirtió que morirían si pecaban al ignorar esta simple ley. ¿Acaso no registra la historia que ellos comieron del árbol prohibido? ¿Y qué sucedió? Sufrieron la muerte espiritual en forma inmediata y eventualmente la muerte física. ¡Ésa es la paga del pecado!

Pero si Dios no hubiese establecido la ley, ellos podrían haber saboreado la deliciosa fruta sin sufrir consecuencia alguna. Sin haber una ley qué quebrantar, no podrían haber sido culpables de "infracción." El pecado no puede existir a menos que haya una ley que lo defina.

Vayamos rápidamente a la edad presente—¿es acaso toda la humanidad culpable de pecado? ¿Qué dice la Biblia? "Si decimos que no tenemos pecado, nos engañamos a nosotros mismos, y la verdad no está en nosotros" (1 Juan 1:8). Para llegar a un mejor entendimiento de lo que es pecado, examinemos las dos grandes leyes bíblicas.

¿Prueba la Biblia que la Ley de los Diez Mandamientos de Dios es *eterna*? En contraste, ¿demuestra la Biblia que la Ley de Moisés fue añadida en forma *temporera* para remediar la violación de la Ley de Dios? ¿Ordenó Dios que la segunda división de la ley (la Ley de Moisés) permaneciera en vigencia *solamente* hasta que Cristo estableciera el Nuevo Pacto en la cruz? ¿Contiene el Nuevo Pacto los Diez Mandamientos?

La Biblia lo explica claramente y es fácil de entender—*¡y no hay nada más importante que esta generación necesite captar!*

La Ley de los Diez Mandamientos de Dios

Cuando Moisés repasó los Diez Mandamientos con el pueblo de Dios, él dijo, "Estas palabras habló Jehová a toda vuestra congregación en el monte, de en medio del fuego, de la nube y de la oscuridad, a gran voz; y no añadió más. Y las escribió en dos tablas de piedra, las cuales me dio a mí" (Deuteronomio 5:22).

Dios habló los Diez Mandamientos. Estaban completos. Los escribió en dos tablas. Mire ese texto nuevamente—nótese que "NO añadió más." La Ley de Dios es perfecta y no hubo que añadir más a Sus Diez Mandamientos.

Como notamos en el verso que acabamos de leer, Dios primero habló Sus Mandamientos a la asamblea temblorosa en el monte Sinaí (Éxodo 20:1-17). Pero siendo que el pueblo temía la Presencia del Señor, ellos le pidieron que hablara directamente a Moisés desde ese día en adelante. Por eso es que Moisés se fue solo al monte Sinaí para recibir el informe grabado de los Diez Mandamientos en las tablas de piedra.

Otro recuento de Dios entregando los Diez Mandamientos a Moisés nos muestra lo siguiente–

"Y dio a Moisés ... dos tablas del testimonio, tablas de piedra escritas con el dedo de Dios" (Éxodo 31:18). Dios grabó—en piedra—Su Ley de los Diez Mandamientos *con su propio dedo*. No le dejó al hombre que escribiera Sus "dos tablas del testimonio."

La Biblia dice que Dios escribió por ambos lados de las dos tablas. Se nos asegura una y otra vez que fue obra de Dios. "Y las tablas eran obra de Dios, y la escritura era escritura de Dios grabada sobre las tablas" (Éxodo 32:16). Sin embargo, ¿quién escribió el segundo juego de tablas después que las primeras fueron destruidas?

Usted probablemente está familiarizado con la parte de la historia cuando Moisés bajó de la montaña, fue testigo de la idolatría del pueblo mientras adoraban un becerro de oro, y en un momento de indignación santa arrojó las primeras tablas de piedra y las quebró al pie del monte (Éxodo 32:19).

Pero, ¿sabía usted que aun después de este incidente Dios no confió en un hombre para que escribiera Su Ley en registro permanente? Así es—ni aun la segunda vez (Éxodo 34:1).

Moisés lo describe de esta manera. "En aquel tiempo Jehová me dijo: Lábrate dos tablas de piedra como las primeras, y sube a mí al monte, y hazte un arca de madera; y escribiré en aquellas tablas las palabras que estaban en las primeras tablas que quebraste; y las pondrás en el arca. E hice un arca ... y labré dos tablas de piedra ... y subí al monte ... Y escribió en las tablas conforme a la primera escritura, los Diez Mandamientos ..." (Deuteronomio 10:1-4).

Dios escribió en el segundo par de tablas con Su propio dedo e instruyó a Moisés que colocara Sus dos tablas del testimonio *dentro* del arca. El fiel siervo Moisés hizo tal como Dios le instruyó:

"Y tomó el testimonio y lo puso dentro del arca ... y encima el propiciatorio sobre el arca" (Éxodo 40:20). Los Diez Mandamientos fueron puestos *dentro* del arca del Pacto, en el lugar Santísimo del Tabernáculo. ¿Ha considerado alguna vez lo que esto ilustra?

El arca representaba el trono de autoridad de Dios. Él instruyó a Moisés para que colocara Su Ley de los Diez Mandamientos en un lugar permanente, dentro del arca (Deuteronomio 10:2). Desde su silla de juicio, el arca, Dios fundó su reinado bajo el reglamento de los Diez Mandamientos—la trascripción de Su justo carácter.

"JEHOVÁ se complació por amor de su justicia en magnificar la ley y engrandecerla" (Isaías 42:21).

¿Qué sabemos acerca de la ley de Dios hasta ahora? Repasemos:

- La ley Dios era perfecta cuando Él habló y no añadió nada a Sus Mandamientos.

- Los Diez Mandamientos fueron grabados en piedra y fueron llamados "las tablas del testimonio."

- Dios escribió los Diez Mandamientos (en ambas ocasiones) con su propio dedo.

- Los Diez Mandamientos fueron puestos en el arca del pacto.

El Libro de la Ley—La Ley de Moisés

Bien, repasemos brevemente la Ley de Moisés. Creo que va a disfrutar de esto, porque en solamente varios párrafos podrá entender el Pacto Antiguo desde el punto de vista de Dios.

El antiguo pacto era una expresión del compromiso de Dios para rescatar al mundo del pecado a través de Israel. Moisés escribió el contenido del pacto en el *Libro del Pacto*, al cual la Biblia se refiere también como el *Libro de la Ley*. Este es el tiempo que transcurre en los eventos que ocurrieron en el monte Sinaí: Dios habla los Diez Mandamientos a toda la asamblea (Éxodo 20:1-17). El pueblo pide que Moisés sea el mediador entre ellos y Dios (Éxodo 20:18,19). Dios habla a Moisés las palabras del pacto especial con Israel (Éxodo 20:22-23:33). Moisés repite el pacto y sus juicios al pueblo (Éxodo 24:3). Moisés escribe el libro del pacto, levanta un altar, y confirma el pacto con la sangre del sacrificio (Éxodo 24:4-8). Moisés sube al monte por cuarenta días y cuarenta noches (Éxodo 24:12-18). Dios escribe los Diez Mandamientos en piedra y los entrega a Moisés (Éxodo 31:18). Moisés rompe las dos tablas (Éxodo 32:19). Dios vuelve a escribir en piedra con su propio dedo y se las entrega a Moisés (Éxodo 34:1).

Después que Dios habla la Ley de los Diez Mandamientos a la asamblea, Moisés se acercó más a Dios. El Señor le entregó leyes civiles especiales y ordenanzas ceremoniales para que Israel las siguiera. Después de regresar de su encuentro, Moisés repitió este convenio especial al pueblo y ellos estuvieron de acuerdo en hacer todo lo que el Señor les pidió.

Es interesante notar el contraste. Fue Dios quien habló los Diez Mandamientos a todo el pueblo antes de esculpirlos en piedra. Pero al explicar el convenio especial entre Dios y el pueblo, Moisés estuvo como mediador.

Éxodo, capítulo veinticuatro, explica que luego Moisés escribió todas las palabras del Señor en el "Libro del Pacto" y levantó un altar. Antes de confirmar el pacto con la sangre del sacrificio, él leyó al pueblo todas las palabras que había escrito en el *Libro del Pacto*.

Una vez más ellos aceptaron los términos y declararon su obediencia al pacto. Así que Moisés tomó la sangre y la roció sobre el libro y sobre el pueblo (Hebreos 9:19; Éxodo 24:8) y dijo, "He aquí la sangre del pacto que Jehová ha hecho con vosotros sobre todas estas cosas" (Éxodo 24:7, 8).

"Y cuando acabó Moisés de escribir las palabras de esta ley en un libro hasta concluirse, dio órdenes Moisés a los levitas que llevaban el arca del pacto de Jehová, diciendo: Tomad este libro de la ley, y ponedlo al lado del arca del pacto de Jehová vuestro Dios, y esté allí por testigo contra ti." (Deuteronomio 31:24-26).

Moisés escribió estas ordenanzas especiales del pacto— con su mano—en el libro de la ley *(Libro del Pacto)*. El sacrificio de un animal proveyó "la sangre para el pacto" que Dios hizo con Israel. Este libro de la ley (el acta de los decretos) se colocó en un *lugar temporal, al lado* del arca, y estuvo allí como *testigo contra el pueblo.*

¿Por qué fue que la ley de Moisés estuvo como testigo en contra este pueblo rebelde? La Biblia revela esta respuesta solemne, como advertencia a aquéllos que se alejaron de Dios para adorar otros *dioses.*

"... Y se asentará sobre él toda maldición escrita en este libro, y Jehová borrará su nombre de debajo del cielo; ... conforme a todas las maldiciones del pacto escrito en este libro de la ley," (Deuteronomio 29:20, 21). Además de las bendiciones que Dios prometió al pueblo de Israel por su fidelidad (Éxodo 34:10, Deuteronomio 28:1-14), el *Libro de la Ley* contenía maldiciones contra aquéllos que no cumplían con todos los requerimientos.

Un Dios que es todo amor sabe que el pecado produce dolor y destrucción. Era la intención del Señor de que las maldiciones que se encontraban en el *Libro de la Ley* les sirvieran para disuadir del pecado. Cuando Él vino como Redentor de Israel, les dio mandamientos para su beneficio.

"... Yo soy Jehová Dios tuyo, que te enseña provechosamente, que te encamina por el camino que debes seguir. ¡Oh, si hubieras atendido a mis mandamientos! Fuera entonces tu paz como un río, y tu justicia como las ondas del mar" (Isaías 48:17, 18).

La disciplina de Dios siempre ha rebosado desde un corazón lleno de amor, para proteger Sus hijos de las fuerzas fatales del pecado. Dios no se complace en la muerte del impío (Ezequiel 33:11).

"¿No te acarreó esto el haber dejado a Jehová tu Dios, cuando te conducía por el camino? Tu maldad te castigará, y tus rebeldías te condenarán ..." (Jeremías 2:17-19).

Cuando el pecador muere, son las consecuencias directas de sus propias decisiones. La paciencia y la bondad de Dios hacia Su pueblo bajo el Antiguo Pacto se ven muy claramente en la Biblia. El pacto especial que Él estableció con Israel fue para enseñarles lecciones críticas para salvar la nación.

Desdichadamente, la nación judía comenzó a utilizar el *Libro de la Ley* como medio para obtener la justificación—torciendo el propósito de Dios para su propia destrucción. Cientos de años más tarde, Pablo comentó acerca de esto al decir que si la justificación se hubiera podido obtener a través de la Ley de Moisés, entonces Cristo en vano murió (Gálatas 2:21).

La única justificación que ha existido jamás es *la justificación por la fe*. Sí, aun bajo el Antiguo Pacto, los verdaderos seguidores de Dios sabían que no podían *ganar* la justificación. Jeremías declaró que el nombre de Dios es: "... JEHOVÁ JUSTICIA NUESTRA" (Jeremías 23:6).

Oseas exclamó, "Sembrad para vosotros en justicia, segad para vosotros en misericordia; haced para vosotros barbecho; porque es el tiempo de buscar a Jehová, hasta que venga y os enseñe justicia" (Oseas 10:12).

Isaías sabía que lo mejor que el hombre podía ofrecerle a Dios palidecía en comparación a la santidad de Dios: "Si bien todos nosotros somos como suciedad, y todas nuestras justicias como trapo de inmundicia" (Isaías 64:6).

Él también declaró lo siguiente: "En gran manera me gozaré en Jehová, mi alma se alegrará en mi Dios; porque me vistió con vestiduras de salvación, me rodeó de manto de justicia …" (Isaías 61:10).

La Ley de Moisés describe las ceremonias y las prácticas dadas a Israel que señalaban hacia Jesús como el verdadero cordero de Dios. Por esto, en ocasiones se refería a la *Ley Ceremonial*, y tenía un tiempo limitado de efectividad. El autor de los Hebreos en el Nuevo Testamento señala su propósito—

"Lo cual es símbolo para el tiempo presente, según el cual se presentan ofrendas y sacrificios que no pueden hacer perfecto, en cuanto a la conciencia, al que practica ese culto, ya que consiste sólo de comidas y bebidas, de diversas abluciones, y ordenanzas acerca de la carne, impuestas hasta el tiempo de reformar las cosas" (Hebreos 9:9,10).

De manera simple, la Ley de Moisés era un mero libro de texto para preparar al pueblo de Dios para el tiempo cuando Cristo vendría para traer una reforma.

La Ley de Moisés era un contrato especial que Dios preparó para los Israelitas. Pablo claramente define el *Antiguo Pacto* como los escritos de Moisés (*el Libro de la Ley*)—

"… Porque hasta el día de hoy, cuando leen el antiguo pacto, les queda el mismo velo no descubierto, el cual por Cristo es quitado" (2 Corintios 3:14-16).

El Libro del Pacto y *el Libro de la Ley* son uno y el mismo. Los escritores de la Biblia usan estos términos en forma intercambiable. En 2 Reyes 22:8, el sumo sacerdote encontró el "Libro de la Ley en la casa de Dios." Cuando el rey Josías reunió la nación y les leyó todas las palabras del Libro, él se refirió a éste como el *Libro del Pacto:*

"Y leyó, oyendo ellos, todas las palabras del Libro del Pacto que había sido hallado en la casa de Jehová … Entonces mandó el rey a todo el pueblo, diciendo: Haced la pascua a Jehová vuestro Dios, conforme a lo que está escrito en el Libro de este Pacto" (2 Reyes 23:2-21). Encontramos las mismas palabras que se repiten en otro recuento del mismo evento que se registra en 2 Crónicas 34:14, 15 y en el verso 30.

El Antiguo Pacto se encontraba en los escritos de Moisés—el *Libro de la Ley*—no en la Ley de los Diez Mandamientos de Dios solamente. No cabe duda, sin embargo, que los Diez Mandamientos eran la parte central del Antiguo Pacto. La Biblia dice que Moisés escribió *todas* las palabras habladas por el Señor en su libro. Y Moisés lo confirma al decir,

"Y Él os anunció Su Pacto, el cual os mandó poner por obra; los Diez Mandamientos, y los escribió en dos tablas de piedra. A mí también me mandó Jehová en aquel tiempo que os enseñase los estatutos y juicios, para que los pusieseis por obra en la tierra a la cual pasáis a tomar posesión de ella" (Deuteronomio 4:13, 14). Y Moisés llamó las tablas de piedra las "tablas del pacto" (Deuteronomio 9:11). Los Diez Mandamientos de Dios eran el corazón del Pacto.

Vamos a resumir lo que ya sabemos acerca de la Ley de Moisés:

- La ley de Moisés fue escrita por él mismo.

- La Ley Mosaica contenía leyes civiles y leyes ceremoniales.

- Fue escrita en un rollo de pergamino y se le llamó "el Libro de la Ley" o "el Libro del Pacto."

- Contenía maldiciones contra aquellos que no obedecían las obras de la Ley de Moisés.

- El Libro de la Ley fue colocado al lado del arca—como testigo contra Israel.

- La Ley de Moisés era simbólica y temporal.

- La Ley de Moisés era el Antiguo Pacto hecho con Israel.

- El Libro de la Ley incluía los Diez Mandamientos como la parte central del Pacto.

Ya que estamos armados con la información adecuada acerca de los *Diez Mandamientos de Dios* y *la Ley de Moisés*, veamos cómo este conocimiento nos puede ayudar a entender cuando el Nuevo Testamento se refiere a "la ley."

Al continuar la segunda parte de este estudio en el próximo capítulo, el Espíritu Santo nos iluminará nuestro entendimiento del Nuevo Pacto. ¡Y la Biblia nos probará—sin duda alguna—exactamente qué fue lo que Cristo clavó en la cruz!

Se encontraron las palabras de Dios—y usted las comió. Espero, en lo que a mí concierne, que ellas sean el gozo de su corazón. Dios nos habla a través de Su Palabra. ¡Tenemos razón para regocijarnos!

4 Dos Leyes, Dos Pactos —Desenredando la Confusión Parte 2

Muchas personas están confundidas por las referencias que hace el Nuevo Testamento acerca de "la ley." Algunos sienten que el lenguaje que Pablo utiliza es contradictorio. Al tratar de entender los escritos acerca de la Ley, quedan perplejos, así que se aferran a las citas bíblicas que parecen apoyar su forma de pensar—e ignoran las demás.

Pero ya no tenemos que contarnos en ese número. Ya que conocemos las diferencias que existen entre la *Ley de Dios* de los Diez Mandamientos y la *Ley de Moisés*, tenemos la ventaja de entender las referencias que hace el Nuevo Testamento a *la Ley* en el contexto del pasaje.

En el capítulo anterior, el repaso que hicimos de la Biblia nos probó que el *Antiguo Pacto* era la *Ley de Moisés*—registrada en el *Libro del Pacto (Libro de la Ley).*

El Antiguo Testamento nos ha demostrado más allá de cualquier duda que los Diez Mandamientos *no eran* por sí solos el Antiguo Pacto. El significado de los Grandes Diez es que eran el corazón del pacto especial que Dios hizo con Israel.

Al repasar los escritos del Antiguo Testamento nos fue demostrado que *la justificación por la fe* era tanto parte del Antiguo como del Nuevo. Sin embargo, Dios demandaba la obediencia a Su manera correcta de hacer las cosas, para escudar a Sus Hijos de las olas destructoras del pecado.

Los Diez Mandamientos Dos Veces Eliminados

También vimos que la ley de los Diez Mandamientos de Dios era perfecta—y que nada fue añadido. En Su gran amor, Dios dio Sus mandamientos para el beneficio de la humanidad—para llevarnos por Su camino de vida (Isaías 48:17, 18).

Si la salvación siempre ha sido por la gracia, a través de la fe, entonces debemos reexaminar la definición del Nuevo Pacto. ¿Ha rebajado el hombre el significado glorioso que Dios intentaba expresar?

¿Y qué se dice de los Diez Mandamientos de Dios? Vimos que fueron colocados en un lugar de permanencia—dentro de Su arca. ¿Fue la *Ley de Dios* clavada en la cruz, o es parte del Nuevo Pacto? ¿Cuál es la *ley de libertad*?

¡Veamos qué nos dice la Biblia acerca de estos asuntos!

El Nuevo Pacto y la Ley

La Ley Ceremonial de Moisés describía la adoración en el templo terrenal y todos los sábados (días de reposo) *anuales*. Todo lo que se incluía en la Ley Ceremonial era una sombra que señalaba a Jesús como la sustancia—

"Porque la ley, teniendo la sombra de los bienes venideros, no la imagen misma de las cosas, nunca puede, por los mismos sacrificios que se ofrecen continuamente cada año, hacer perfectos a los que se acercan" (Hebreos 10:1).

La ley de Moisés prescribe sacrificios, festividades, y ordenanzas ceremoniales que simbolizaban a Cristo. Pablo nos dice enfáticamente que la ley de las ceremonias terminó cuando fue clavada en la cruz—

"Y vosotros, estando muertos en pecados y en la incircuncisión de vuestra carne, os dio vida juntamente con Él, perdonándoos todos los pecados, anulando el acta de los decretos que había contra nosotros, que nos era contraria, quitándola de en medio y clavándola en la cruz" (Colosenses 2:13, 14).

Nótese que la Biblia aquí nos dice *el acta de los decretos* (la Ley de Moisés) fue clavada en la cruz—¡no la ley de los Diez Mandamientos de Dios!

48

En el mismo pasaje bíblico, Pablo continúa escribiendo, "Por tanto, nadie os juzgue en comida o en bebida, o en cuanto a días de fiesta, luna nueva o días de reposo, todo lo cual es sombra de lo que ha de venir; pero el cuerpo es de Cristo" (Colosenses 2:16, 17).

Todas las ordenanzas ceremoniales, incluyendo los días de reposo anuales (sin confundirlos con los días de reposo semanales) no eran sino una sombra o símbolo del ministerio de Cristo.

Cristo nos asegura que el propósito de la Ley de Moisés era para preparar al pueblo para su regreso cuando nos dice: "... Estas *son* las palabras que os hablé, estando aún con vosotros: que era necesario que se cumpliese todo lo que está escrito de mí en la ley de Moisés, en los *profetas* y en los *salmos*" (Lucas 24:44).

Pablo escribió que Cristo era el fin—la *meta* o el *objetivo*—de la Ley. "Porque el fin de la ley es Cristo, para justicia a todo aquel que cree. Porque de la justicia que es por la ley Moisés escribe así: El hombre que haga estas cosas, vivirá por ellas" (Romanos 10:4, 5).

Tenemos que considerar cuidadosamente el contexto de los escritos de Pablo. ¿A qué ley se refería él?

En la cita que acabamos de leer, nótese que Pablo clarifica que está hablando de la Ley de Moisés cuando habla de los *escritos de Moisés* y cita lo que Dios había dicho a Moisés acerca del *Libro de la Ley*: "Por tanto, guardaréis mis estatutos y mis ordenanzas, los cuales haciendo el hombre, vivirá en ellos ..." (Levítico 18:5).

¿Puede ver claramente lo que Pablo dice en Romanos 10:4 y 5? Cristo fue el fin—el *objetivo* o la meta–de la Ley de Moisés, el Antiguo Pacto que expresaba el compromiso de Dios para rescatar el mundo del pecado.

¡Cristo es nuestro *Nuevo Pacto* con Dios! En una profecía mesiánica acerca de Cristo, Dios dijo:

"Yo Jehová te he llamado en justicia, y te sostendré por la mano; te guardaré y te pondré por pacto al pueblo, por luz de las naciones, para que abras los ojos de los ciegos, para que saques de la cárcel a los presos, y de casas de prisión a los que moran en tinieblas" (Isaías 42:6, 7).

No hay dudas que el Nuevo Pacto que celebramos en Jesús contiene los Diez Mandamientos. Escuche lo que el Señor dice:

"... He aquí vienen días, dice el Señor, en que estableceré ... un nuevo pacto ... Este es el pacto ... Pondré mis leyes en la mente de ellos y sobre su corazón las escribiré. Y seré a ellos por Dios. Y ellos me serán a mí por pueblo" (Hebreos 8:8,10— véase también Jeremías 31:31-33).

La Ley de Dios de los Diez Mandamientos es el corazón del Nuevo Pacto, tal como era en el Antiguo.

Pablo enseñó claramente que la Ley de Dios era parte del Nuevo Pacto. Notemos como él describe la naturaleza de ambas leyes, la Ley de Moisés (que incluía los ritos de la circuncisión) y la Ley de Dios de los Diez Mandamientos en esta comparación lado a lado.

"La circuncisión nada es, y la incircuncisión nada es, sino el guardar los Mandamientos de Dios" (1 Corintios 7:19).

Vamos a esclarecer algunos puntos acerca del Nuevo Pacto:

- Cristo es nuestro pacto (Isaías 42:6, 7). Tal como lo expresa el Antiguo Pacto, el compromiso de Dios de rescatar el mundo del pecado a través de ceremonias y símbolos en los días de Israel, el Nuevo Pacto expresa el compromiso de Dios a través de Cristo—el cumplimiento de esos símbolos. "En Éste [Cristo] es justificado todo aquel que creyere" (Hechos 13:39).

- Cristo se humilló a Sí mismo y vino a la tierra en la misma forma de la humanidad (Filipenses 2:5-8). Dios envió a Su Hijo en semejanza de carne de pecado para ser una ofrenda de pecado (Romanos 8:3).

Al que no conoció pecado, por nosotros lo hizo pecado (2 Corintios 5:21).

Cristo fue hecho como nosotros en todo—compartió nuestra humanidad para destruir las obras del diablo (Hebreos 2:14-17). Él sufrió cuando fue tentado para poder ayudarnos cuando somos tentados (Hebreos 2:18).

- A pesar de Su naturaleza humana, Cristo vivió sin pecado—por eso es que Su vida puede librarnos del pecado (1 Juan 3:5). Él fue el sacrificio perfecto, quien murió por los impíos para demostrar el amor de Dios por nosotros (Romanos 5:6-8). Nuestra vieja naturaleza de pecado fue crucificada con Él—clavados en la cruz—para que ya no tengamos que ser esclavos del pecado (Romanos 6:6).

- La humanidad nace con la naturaleza de pecado de Adán (después de su caída), pero Cristo Jesús nos ofrece una nueva naturaleza (1 Corintios 15:45). Con Su vida de poder en nosotros, Sus discípulos renacidos podrán seguir Sus pasos como el camino para seguir (Salmo 85:13; 1 Juan 2:6). Podemos caminar en obediencia de amor hacia la voluntad del Padre.

- Los Diez Mandamientos son el corazón del Nuevo Pacto (Hebreos 8:8-10; Jeremías 31:31-33). Son en realidad diez lindas promesas de cómo la vida de Cristo en nosotros nos da poder para demostrar nuestro amor hacia Dios y hacia la humanidad. Dios producirá en nosotros el deseo para seguir Sus caminos y actuar de acuerdo a Su buena voluntad (Filipenses 2:13).

¿Puede usted ver que la diferencia que existe entre el tiempo de Moisés (Antiguo Pacto) y el tiempo de Cristo (Nuevo Pacto) no es la eliminación de los Diez Mandamientos? La verdadera diferencia es el camino hacia la salvación.

Las leyes ceremoniales de Moisés establecieron una serie provisional de actos simbólicos que representaban el ministerio del Mesías a venir, Cristo Jesús. Bajo la Ley Ceremonial, el pecador sacrificaba un cordero inocente para cubrir su pecado.

El pecado era transferido simbólicamente al sacrificio inocente, señalando hacia Cristo que se convertiría en nuestro sustituto para pagar la deuda del pecado que es la muerte.

"… He aquí el cordero de Dios que quita el pecado del mundo" (Juan 1:29). Cristo fue el Cordero de Dios sin mancha. Él se hizo el sacrificio por usted y por mí. A través de la cruenta cruz del Calvario, Dios transfirió la pena de muerte que merecemos a Su Precioso Hijo.

El poder de la sangre vertida de Cristo es suficiente para cubrir todos nuestros pecados confesados. Diferente a los sacerdotes del Antiguo Pacto, Cristo no necesita repetir su sacrificio. La Biblia dice que Él se ofreció "una vez para siempre" cuando se ofreció a Sí mismo (Hebreos 7:27).

"Mas Jesús, habiendo otra vez clamado a gran voz, entregó el espíritu. Y he aquí, el velo del templo se rasgó en dos, de arriba abajo; y la tierra tembló, y las rocas se partieron" (Mateo 27:50, 51).

Al tiempo de la crucifixión, Dios terminó con los servicios del templo terrenal prescritos en la Ley de Moisés. Ese día, cuando Dios rasgó el velo que cubría la entrada al lugar santísimo, demostró que el sacrificio de Cristo nos daba acceso directo—a través de Su Hijo—a Su trono de gracia.

Antes de la muerte de Cristo en el Calvario, solamente el sumo sacerdote tenía acceso al lugar santísimo, y podía entrar solamente una vez al año. Pero cuando el velo se rasgó, Dios demostró que las ceremonias simbólicas habían encontrado la Sustancia—Jesucristo, el nuevo y vivo camino al Padre.

El Antiguo Pacto era el "Libro de la Ley" e incluía los Diez Mandamientos. El Nuevo Pacto se encuentra en Jesucristo y también incluye los Diez Mandamientos. Con este mejor entendimiento, vamos a ver un pasaje que muchos interpretan significar que los Diez Mandamientos fueron eliminados. Fue escrito por Pablo, y se encuentra en Gálatas 3:10-14. Lo dividiré en secciones al estudiarlo detenidamente:

- "Porque todos los que dependen de las obras de la ley están bajo maldición, pues escrito está: Maldito todo aquel que no permaneciere en todas las cosas escritas en el libro de la ley, para hacerlas." *Aquí en el contexto de Gálatas 3:10, Pablo claramente dice que él escribe acerca del Libro de la Ley (la Ley de Moisés). Y cita del Libro de la Ley, "Maldito todo aquel que no permaneciere en todas las cosas escritas ... para hacerlas" (Deuteronomio 27:26).*

- "Y que por la ley ninguno se justifica para con Dios, es evidente, porque: El justo por la fe vivirá." *Pablo continúa en Gálatas 3:11, a escribir haciendo referencia al mismo Libro de la Ley. Algunas personas mal informadas utilizan este texto para tratar de anular los Diez Mandamientos, pero nosotros sabemos que Pablo se refiere a la Ley de Moisés.*

- *Escribiendo acerca de la Ley de Moisés, él continúa diciendo en los versos 12-14,* "Y la ley no es de fe, sino que dice: El que hiciere estas cosas vivirá por ellas. Cristo nos redimió de la maldición de la ley, hecho por nosotros maldición (porque está escrito: Maldito todo el que es colgado en un madero), para que en Cristo Jesús la bendición de Abrahán alcanzase a los gentiles, a fin de que por la fe recibiésemos la promesa del Espíritu."

Como hemos estudiado ya, las maldiciones de la ley fueron escritas en el Libro de la Ley—el libro de Moisés. Cristo nos redimió de la maldición de la Ley de Moisés.

¿Ve cuán fácil es para entender los escritos de Pablo una vez que se entiende la diferencia entre la Ley de Moisés y la Ley de los Diez Mandamientos de Dios?

Con un poco de historia en cuanto a la naturaleza y propósito de las dos leyes, y al examinar el contexto de los pasajes, podemos distinguir a qué ley se refería Pablo y el propósito exacto de su escritura. Podemos dividir e interpretar correctamente la Biblia.

Dentro del mismo capítulo y contexto, Pablo explica que el plan de salvación de Dios siempre ha sido por gracia, a través de la fe. Luego explica por qué la Ley de Moisés fue instituida en primer lugar—

"Esto, pues, digo: El pacto previamente ratificado por Dios para con Cristo, la ley que vino cuatrocientos treinta años después, no lo abroga, para invalidar la promesa. Porque si la herencia es por la ley, ya no es por la promesa; pero Dios la concedió a Abrahán mediante la promesa. Entonces, ¿para qué sirve la ley? Fue añadida a causa de las transgresiones, hasta que viniese la simiente a quien fue hecha la promesa; y fue ordenada por medio de ángeles en mano de un mediador" (Gálatas 3:17-19).

Siendo que ya repasamos Gálatas 3:10-14, puede estar seguro que la referencia de Pablo en Gálatas 3:17-19 habla del mismo Libro de la Ley.

La Ley de Moisés fue temporal, puesta en vigencia a través de ángeles, por Moisés, quien actuó como mediador entre Dios e Israel. No hubo mediador cuando Dios habló los Diez Mandamientos a la asamblea completa.

La Ley de Moisés no puso a un lado la promesa hecha a Abrahán acerca de la salvación por la fe. El Libro de la Ley fue *añadido* debido a *la trasgresión (pecado)*. Como hemos discutido repetidas veces, no es posible que exista la trasgresión (pecado) a menos que haya una ley en vigencia.

Siendo que los Diez Mandamientos de Dios ya estaban en vigencia antes de la Ley de Moisés, podemos concluir que la Ley de Moisés fue añadida debido a que la Ley Moral de Dios fue violada.

Todas las leyes ceremoniales incluidas en el Libro de Moisés nos señalaban hacia Cristo. Sólo era provisional—una ley que serviría hasta que Cristo (la Semilla de Dios) viniera para traer un era de reforma (Hebreos 9:10).

"La ley de Jehová es perfecta, que convierte el alma ... (Salmo 19:7). ¡Es la Ley de los Diez Mandamientos de Dios que es perfecta! Las ordenanzas de la Ley de Moisés no podían "convertir el alma." La Ley de Dios es perfecta porque refleja la naturaleza perfecta del amor.

La Ley de Amor y Libertad

¡Los Diez Mandamientos son la ley de amor—una copia del carácter de Dios!

"El que no ama, no ha conocido a Dios; porque Dios es amor" (1 Juan 4:8).

Los Diez Mandamientos expresan al amor perfecto de Dios hacia Su pueblo. El carácter de Cristo es revelado en la Ley de Dios. Nuestro Señor dijo que todos Sus Diez Mandamientos se sostienen por el amor—

"... Amarás al Señor tu Dios con todo tu corazón, y con toda tu alma, y con toda tu mente ... Amarás a tu prójimo como a ti mismo. De estos dos mandamientos depende toda la ley y los profetas" (Mateo 22:37-40).

Los primeros cuatro mandamientos (Éxodo 20:2-11) definen cómo podemos desarrollar una íntima relación de amor con Dios—amando al Señor con todo nuestro corazón, alma, mente y fuerzas. Los últimos seis (Éxodo 20:12-17) definen como podemos amar a nuestro prójimo como a nosotros mismos.

Jesús dijo, "Si me amáis guardad mis mandamientos. Si guardareis mis mandamientos, permaneceréis en mi amor; así como yo he guardado los mandamientos de mi Padre, y permanezco en su amor" (Juan 14:15, 15:10).

Jesús obedeció los mandamientos de Su Padre. Y nos pide que demostremos nuestro amor hacia Él haciendo lo mismo. Pablo escribió que el amor es el cumplimiento de la Ley de Dios, los Diez Mandamientos (Romanos 13:10). En griego eso significa que el amor llena los Mandamientos de Dios hasta el borde. ¿Cómo podemos cumplir con Su Ley de amor? Es imposible si dependemos de la naturaleza humana.

La acción que se requiere de parte de nosotros es abrir nuestros corazones y permitir que Dios derrame Su amor mediante el poder del Espíritu Santo (Romanos 5:5). La Ley perfecta de Dios se completa hasta lo máximo porque Su amor fluye a través de nosotros.

"Aquí está la paciencia de los santos, los que guardan los mandamientos de Dios y la fe de Jesús" (Apocalipsis 14:12). Apocalipsis, el último libro de la Biblia, identifica a los santos de Dios como aquellos que *guardan los mandamientos de Dios* y tienen la fe de Jesús. Apocalipsis también señala la furia de Satanás contra la iglesia que guarda los mandamientos de Dios—

"Entonces el dragón [simbólico de Satanás] se llenó de ira contra la mujer; [simbólico de la iglesia] y se fue a hacer guerra contra el resto de la descendencia de ella, los que guardan los mandamientos de Dios y tienen el testimonio de Jesucristo" (Apocalipsis 12:17).

¿Cuáles son los mandamientos que estos verdaderos cristianos de los últimos días están guardando? Sabemos que estas referencias no se tratan de la Ley de Moisés. Si Dios abolió los Diez Mandamientos, ¿Por qué la Biblia nos instruye que guardemos "los Mandamientos de Dios"?

El apóstol Santiago define claramente el criterio de juicio que Dios utiliza como Sus Diez Mandamientos—

"Si en verdad cumplís *la ley* real, conforme a la escritura: Amarás a tu prójimo como a ti mismo, bien hacéis; pero si hacéis acepción de personas, cometéis pecado, y quedáis convictos por la ley como transgresores. Porque cualquiera que guardare toda la ley, pero ofendiere en *un punto*, se hace culpable de todos. Porque el que dijo: No cometerás adulterio, también ha dicho: No matarás. Ahora bien, si no cometes adulterio, pero matas, ya te has hecho trasgresor de la ley. Así hablad, y así haced, como los que habéis de ser juzgados por la ley de la libertad" (Santiago 2:8-12).

La "ley de la libertad" es esta—Cristo nos libera del pecado y nos da el poder para caminar en obediencia a Dios. ¡Él hace por nosotros lo que nosotros no podemos hacer por nosotros mismos, haciendo así que seamos todo lo que Él nos ha llamado que seamos!

Los Diez Mandamientos de Dios son en realidad diez maravillosas promesas de lo que Él hará en nuestras vidas. Cristo vino a destruir las obras de Satanás. Él envía su Santo Espíritu para que nos dé poder sobre el pecado.

Siendo que vivimos en un mundo de pecado, tiene que haber una ley que defina el pecado. Esa ley son los Diez Mandamientos de Dios.

El consejo de Santiago en el Nuevo Testamento está de acuerdo con las palabras sabias que Salomón dijo en el Antiguo Testamento. El hecho de que ellos están de acuerdo testifica que el propósito de Dios con los Diez Mandamientos es tan constante como Él mismo—

"El fin de todo el discurso oído es este: Teme a Dios, y guarda sus mandamientos; porque esto es el todo del hombre. Porque Dios traerá toda obra a juicio, juntamente con toda cosa encubierta, sea buena o sea mala" (Eclesiastés 12:13, 14).

Dios no puede mentir o contradecirse a Sí mismo. El pecador de hoy todavía merece la paga que se ha ganado. "Porque la paga del pecado es muerte, mas la dádiva de Dios es vida eterna en Cristo Jesús Señor nuestro" (Romanos 6:23).

El privilegio del cual gozamos hoy es que cuando reconocemos que hemos pecado, podemos ir directamente a Jesús y pedirle perdón. ¡Él entiende! Él vivió en este mundo enfermo de pecado. Él entiende nuestra lucha con cada tentación.

Como el único Sumo Sacerdote verdadero, Él ahora intercede con Su Padre por nosotros, y puede salvarnos completamente (Hebreos 7:25). En lugar de la muerte eterna, recibimos la dádiva de la vida eterna, cuando nos sometemos a la voluntad de Dios y entregamos nuestra vida a Él—caminando en obediencia a Sus Mandamientos.

"Y habiendo sido perfeccionado, vino a ser autor de eterna salvación para los que le obedecen" (Hebreos 5:9).

Cristo caminó en perfecta obediencia al Padre—no para *convertirse* en hijo de Dios, sino porque *era* el Santo Hijo de Dios. Él espera que obedezcamos, porque Él nos da el poder para hacerlo.

Los verdaderos cristianos no obedecen los Mandamientos de Dios para poder salvarse. Sabemos que la salvación es un regalo—por gracia, a través de la fe (Efesios 2:8). Los verdaderos cristianos guardamos los Mandamientos de Dios porque estamos salvos, y el amor por el Señor nos motiva a complacerlo al caminar en obediencia.

La obediencia es la clave aquí. Una de las mentiras que Satanás ha estado esparciendo por cientos de años es que los Diez Mandamientos de Dios fueron clavados en la cruz. El gran engañador ha llevado a muchos a creer que Cristo sacrificó su vida para que ya nosotros no tuviéramos que obedecer la Ley perfecta de los Diez Mandamientos.

¡Cristo no está de acuerdo! Al hablar de la Ley de los Diez Mandamientos de Dios, Él dice:

"No penséis que he venido para abrogar la ley o los profetas; no he venido para abrogar, sino para cumplir. Porque de cierto os digo que hasta que pasen el cielo y la tierra, ni una jota ni una tilde pasará de la ley, hasta que todo se haya cumplido. De manera que cualquiera que quebrante uno de estos mandamientos muy pequeños, y así enseñe a los hombres, muy pequeño será llamado en el reino de los cielos; mas cualquiera que los haga y los enseñe, éste será llamado grande en el reino de los cielos." (Mateo 5:17-19).

Cristo vino para "cumplir" la ley. En griego, la palabra que se utiliza aquí significa *llenar completamente*—para mostrar el propósito completo de Dios. Cristo también declara que la Ley de los Diez Mandamientos de Dios durará hasta que "pasen el cielo y la tierra."

Siendo que Dios reveló Su perfecta voluntad en los Mandamientos, ¿tiene la raza humana el derecho de dividir o eliminar alguna porción de éstos? ¡Ni tan siquiera una tilde será eliminada hasta que todo se haya cumplido en Su segunda venida!

¿Qué fue lo que se clavó en la cruz? Cuando Cristo Jesús se ofreció a Sí mismo como el sacrificio perfecto de Dios, Él estaba "anulando el acta de los decretos que había contra nosotros, que nos era contraria, quitándola de en medio y clavándola en la cruz" (Colosenses 2:14).

¡Cristo clavó el Antiguo Pacto—el acta de la Ley de Moisés—en la cruz!

¡Cristo es nuestro Nuevo Pacto con Dios! Al participar de Su naturaleza divina, obtenemos el poder para caminar en sus pasos obedeciendo a Dios.

La *Ley de Dios* de los Diez Mandamientos—escritos en nuestro corazón y nuestra mente—es el corazón del Nuevo Pacto, tal y como fue en el Antiguo.

La *ley de la libertad* es esta—al tener la vida de Cristo trabajando en nosotros, y a través de nosotros, obtenemos el poder para caminar obedeciendo los Mandamientos de Dios.

Ya que hemos esclarecido la verdad acerca de las dos grandes leyes de la Biblia y el Antiguo y el Nuevo Pacto, tenemos las mejores razones en el mundo para regocijarnos. Podemos contar con nuestro Salvador para que destruya las obras torcidas del diablo en nuestras vidas.

Cristo ha de hacer por nosotros lo que nosotros no podemos hacer por nosotros mismos—*logrando* en nosotros todo lo que nos *ha llamado* a ser.

¡Aleluya!

LOS DIEZ MANDAMIENTOS DOS VECES ELIMINADOS

Para facilitarle la referencia, hemos incluido una tabla para aqui identificar algunas de las diferencias entre los Diez Mandamientos de Dios y la Ley de Moisés.

La Ley de Dios de los Diez Mandamientos	La Ley de Moisés
Llamada "la Ley de Jehová" Isaías 5:24	Llamada la "ley de Moisés" Lucas 2:22 1 Corintios 9:9
Escrita por Dios en piedra Éxodo 31:18, 32:16	Escrita por Moisés en un libro Deuteronomio 31:24 2 Crónicas 35:12
Colocada dentro del Arca Éxodo 40:20	Colocada al lado del Arca Deuteronomio 31:26
La Ley de Dios señala el pecado Romanos 7:7, 3:20	La ley de Moisés se añadió debido al pecado Gálatas 3:19
La Ley de Dios no es penosa 1 Juan 5:3	La ley de Moisés era contra nosotros Colosenses 2:14
La Ley de Dios se llama "La Ley Real" Santiago 2:8	La ley de Moisés se la llamaba "El Acta de los Decretos" Efesios 2:15
La Ley de Dios juzga a todos Santiago 2:10-12	La ley de Moisés no juzga a nadie Colosenses 2:14-16
La Ley de Dios es Espiritual Romanos 7:14	La ley de Moisés era carnal Hebreos 7:16
La Ley de Dios trae bendiciones y paz Proverbios 29:18 Salmo 119:165	La ley de Moisés contenía maldiciones Deuteronomio 29:20, 21 Gálatas 3:10
La Ley de Dios es PERFECTA Salmo 19:7	La ley de Moisés no convertía nada en perfecto Hebreos 7:19
La Ley de Dios es ETERNA Mateo 5:17-19	La ley de Moisés era provisional Colosenses 2:14 Hebreos 8:13

5
ANTE EL MONTE SINAÍ
—DESPUÉS DE LA RESURRECCIÓN

Cuando Moisés subió al Monte Sinaí para recibir el registro escrito de la Ley Moral de Dios, pudo ver con sus propios ojos mientras Dios tallaba con Su dedo las "Tablas del Testimonio."

Muchos cristianos piensan que esta fue la primera introducción que Dios hizo de Sus Mandamientos a la raza humana. Creen equivocadamente que Abrahán (quien vivió cuatro siglos antes que Moisés) sirvió como el ejemplo de la salvación por la fe, en vez de la obediencia a Dios.

Es cierto que Dios hizo un pacto eterno con el patriarca Abrahán—un pacto de gracia—*justificación por la fe* y no por obras (Romanos 4:3-8). Abrahán, a través de una visión, pudo ver el día de Cristo y se regocijó (Juan 8:56). Él reconoció que el pacto eterno obtendría su cumplimiento en el ministerio de Jesucristo, y colocó su fe en el plan del Calvario.

Dios le acreditó la fe de Abrahán a su cuenta como justificación. ¿Qué significa ser justificado? Ser justo representa la condición de estar "bien" con Dios.

Sin embargo, ¿estaba basada la promesa de Dios de la gracia en la obediencia? Escuche las palabras de Dios cuando él confirmó el pacto con Isaac, el hijo de Abrahán: "… Todas las naciones de la tierra serán benditas en tu simiente, por cuanto oyó Abrahán mi voz, y guardó mis preceptos, mis mandamientos, mis estatutos y mis leyes" (Génesis 26:4, 5).

¿Requiere obras la justificación por la fe? El apóstol Pedro dice: "... Dios no hace acepción de personas, sino que en toda nación se agrada del que le teme y hace justicia" (Hechos 10:34, 35).

Y Juan escribió: "Hijitos, nadie os engañe; el que hace justicia es justo, como Él es justo" (1 Juan 3:7). La justificación se define como la practica de hacer las cosas correctamente como Dios las hace.

La Biblia claramente registra que Abrahán obedeció los mandamientos y las leyes de Dios. Las bendiciones llegaron como resultado de la obediencia. Dios confirmó el pacto con los descendientes de Abrahán porque el patriarca puso en práctica la justificación que él recibió de parte de Dios.

Abrahán trazó el camino de sus descendientes hacia las bendiciones—¡la obediencia a los Mandamientos de Dios! "Conoce, pues, que Jehová tu Dios ... guarda el pacto y la misericordia a los que le aman y guardan sus mandamientos, hasta mil generaciones" (Deuteronomio 7:9; véase también Daniel 9:4; Nehemías 1:5).

¿Cuáles fueron las leyes que guardó Abrahán siglos antes que viviera Moisés? ¿Entendía el hombre la ley moral antes del tiempo de Moisés? Para poder contestar estas preguntas, tenemos que repasar la historia de la humanidad que se registró antes de que Dios pronunciara Sus Mandamientos a los exiliados del desierto (Éxodo 20).

Recuerde, si no hay un mandamiento en vigencia, no hay pecado. Con eso en mente, miremos cada uno de los Diez Mandamientos y veamos si los patriarcas antes de Moisés estaban conscientes de la Ley de Dios:

1. **El primer mandamiento tiene que ver con *la lealtad—Éxodo 20:2, 3.*** El creador del universo declara que Él es nuestro Dios y Libertador. Él nos pide que demostremos nuestro amor hacia Él no teniendo otros

dioses. Jacob (quien vivió mucho antes que Moisés) comprobó que él comprendía esta ley. Le pidió a su gente que echaran a un lado los *dioses extraños*, y que se limpiaran y que se purificaran de este pecado (Génesis 35:2-4).

2. **El segundo mandamiento tiene que ver con *la adoración—Éxodo 20:4-6.*** Dios nos prohíbe la adoración de las imágenes, inclinarnos hacia cualquiera de ellas. El recuento previo relacionado con "dioses ajenos" comienza en Génesis 31:19-34. Raquel, la esposa de Jacob, robó las imágenes de la casa de su padre idólatra. Génesis 35:2 nos da evidencias de que el adorar ídolos es pecaminoso y convertía a una persona en inmundo ante los ojos del Señor.

3. **El tercer mandamiento tiene que ver con *la reverencia—Éxodo 20:7.*** Dios nos instruye que respetemos Su santo nombre y no tomemos Su nombre en vano. En hebreo *vano* es "shav" y tiene un significado amplio— iniquidad, falsedad, vanidad, vacío. Simplemente, *shav* significa falta de respeto. Hay muchas ocasiones registradas antes de la experiencia del monte Sinaí en que se indica la falta de respeto al nombre del Señor. Cuando Moisés reveló las instrucciones de Dios para dejar salir el pueblo de Israel de la esclavitud de Egipto, Faraón se burló de la autoridad del nombre de Dios (ver Éxodo 5). Más tarde, el Señor lo destruyó por su dureza de corazón.

4. **El cuarto mandamiento tiene que ver con *la santificación y la relación—Éxodo 20:8-11.*** Dios instruye a su pueblo a "recordar" el sábado y santificarlo

y a mantenerlo aparte para propósitos santos y para acercarlo más a Él. Dios inició el descanso sabático en la creación, al bendecir y santificar el séptimo día (Génesis 2:1-3). Está claro que Él esperaba una continua observancia.

Mucho *antes* de llegar los israelitas al monte Sinaí, el Señor ordenó la preparación para el sábado. El pueblo debía recoger una doble porción del maná el sexto día, para que pudieran descansar en el séptimo día santo (Éxodo 16:22-26). Algunos no obedecieron las instrucciones y Dios se disgustó–

"Y aconteció que algunos del pueblo salieron en el séptimo día a recoger, y no hallaron. Y Jehová dijo a Moisés: ¿Hasta cuándo no querréis guardar mis mandamientos y mis leyes? Mirad que Jehová os dio el día de reposo y por eso en el sexto día os da pan para dos días …" (Éxodo 16:27-29).

5. **El quinto mandamiento tiene que ver con *el respeto hacia la autoridad, hacia los padres—Éxodo 20:12*.** Dios nos instruye a mostrar el amor por nuestros padres a través de la honra. Génesis 37:28-35 y 50:15-17 demuestra que este mandamiento también era conocido antes del monte Sinaí. Estos dos pasajes bíblicos dan el recuento acerca de José y sus hermanos. Traen a la luz el pecado al faltar el respeto a los padres a través de la deshonra.

En el primer incidente, los hermanos mintieron a su padre acerca de la muerte de José. Y luego, los hermanos piden perdón por sus faltas contra su padre. Ellos sabían que habían violado el quinto mandamiento. Consideremos también el incidente de Cam cuando deshonró a Noé su padre al descubrir su desnudez mientras dormía. Cam sufrió bajo una maldición de por vida por su pecado (Génesis 9:22-27).

6. **El sexto mandamiento tiene que ver con *el respeto a la vida humana—Éxodo 20:13*.** Dios nos instruye para que demostremos el amor, no el odio, hacia otros al no cometer homicidio. En la Biblia se registra la culpa de Caín cuando mató a su hermano, Abel. Dios castigó a Caín por violar este mandamiento obviamente esta ley estaba en vigencia (Génesis 4:8-13).

7. **El séptimo mandamiento tiene que ver con *la pureza en las relaciones—Éxodo 20:14*.** Dios nos pide demostremos nuestro amor al no cometer adulterio. Mucho antes de que naciera Moisés, la Biblia identifica el adulterio como pecado en el incidente cuando Faraón se llevó a la esposa de Abrahán a su casa (Génesis 12:10-20), y el de Sodoma y Gomorra (Génesis 18: 20, 21).

El mejor ejemplo para probar el mandamiento de Dios sobre el adulterio se conoció antes del monte Sinaí cuando José, quien rehusó tener una relación ilícita con la esposa de Potifar al decirle, en Génesis 39:9, "Tú eres su mujer. ¿Cómo, pues, haría yo este grande mal, y pecaría contra Dios?

8. **El octavo mandamiento tiene que ver con *la honestidad—Éxodo 20:15*.** Dios nos instruye a no robar. El recuento bíblico de la reunión de José con sus hermanos mañosos, nos dice que él utilizó la prueba máxima antes de revelar su identidad a ellos. Él puso una copa en el saco de su hermano menor, Benjamín, para aparentar como que había sido robada.

José quería crear una razón válida para poder quedarse con su amado hermano mientras los otros se iban. La prueba consistía en ver qué clase de hombres eran ellos. Su reacción horrífica demostró que ellos asociaban el robar con cometer pecado—*en sus mentes* merecían la muerte. Ellos conocían el mandamiento de Dios (Génesis 44:4, 6-10).

9. **El noveno mandamiento tiene que ver con *la sinceridad—Éxodo 20:16*.** El Señor nos instruye a no mentir o engañar a otros. Jesús declaró a Satanás como "el padre de la mentira" (Juan 8:44). La primera mentira en el planeta tierra que fue registrada se encuentra en Génesis 3:4, cuando Satanás le dijo a Eva, "No moriréis." La historia de Jacob y Esaú, que se registra en parte en Génesis 27, demuestra que el mentir y el engaño eran conocidos como malos.

10. **El décimo mandamiento tiene que ver con *el contentamiento—Éxodo 20:17*.** Dios nos instruye a no codiciar—porque Él sabe que esto nos puede entrampar para cometer mayor pecado. Hay muchos ejemplos de esto en la historia antigua, pero creo que el que más impacto ha causado es el de Eva y las consecuencias que sufrió. Ella codició la fruta prohibida y cayó en peor pecado. ¡Su codicia contribuyó para que fuera expulsada del jardín del Edén! Y más tarde su hijo, Caín repitió su pecado.

Cuando Caín trajo una ofrenda inaceptable ante el Señor, no recibió el favor de Dios. En contraste, Abel trajo la ofrenda prescrita y recibió el favor de Dios. Caín se enfureció y menospreciado—él codició el favor que su hermano había recibido (Génesis 4:3-5). Su condición de codicioso le llevó a cometer homicidio.

Estas referencias bíblicas son solamente algunas de las que podríamos examinar para comprender que la humanidad estaba consciente de la ley de Dios mucho antes de que Él la escribiera en piedra. Un estudio cuidadoso de la Biblia debería corregir la falsa teología de que los Diez Mandamientos no existían antes del monte Sinaí.

Siglos antes de que naciera Moisés, Dios juzgó a los hombres y a las mujeres bajo el principio de que "oyó ... mi voz y guardó mi precepto, mis mandamientos, mis estatutos y mis leyes" (Génesis 26:4, 5).

Los Diez Mandamientos son los "diez principios de la vida" que Dios dejó. Los pecados que están registrados en la Biblia son el quebrantamiento de estos mandamientos. Dios nunca ha utilizado otro grupo de leyes mediante las cuales juzgue a Su pueblo. A través de toda la Biblia, Él juzgó a todos los que guardaron los Diez Mandamientos como "justos" mientras que aquellos que a sabiendas quebrantaron Sus Diez Mandamientos Él los declara pecadores malvados.

Los patriarcas antiguos—incluyendo a Abrahán, el padre de la fe—sabían los requerimientos de la Ley de Dios de los Diez Mandamientos.

¿Podemos encontrar también evidencias en el Nuevo Testamento de que los Diez Mandamientos se mantenían en vigencia? ¡Sí, podemos! La mayor parte de los cristianos están muy de acuerdo en que por lo menos nueve están en vigencia hoy. La controversia se encuentra alrededor del cuarto mandamiento solamente—observar como santo el día séptimo (sábado) como descanso de Dios.

Siendo que ahí comienza el desacuerdo, ahí comenzaremos nosotros. Primero vamos a repasar algunos datos del

Nuevo Testamento, y luego observaremos más de cerca este tema en los próximos capítulos.

Un Salvador resucitado escogió a Pablo para que fuese un apóstol. ¿En qué día adoró Pablo a Dios? "Y discutía en la sinagoga todos los sábados, y persuadía a judíos y a griegos" (Hechos 18:4). Aquí podemos ver a tanto judíos como griegos adorando en el sábado (ver también Hechos 13:14, 42). Más importante aún, vemos a Pablo convertido observando el séptimo día sábado mucho después de la resurrección de nuestro Señor.

Como veremos muy pronto, ni siquiera una cita bíblica indica que fue cambiada la santidad de Su séptimo día (sábado) al primer día de la semana. En contraste con una enseñanza popular, dejaremos que el Nuevo Testamento pruebe que ninguno de los primeros cristianos observaron el domingo como el día semanal de adoración.

El Nuevo Testamento registra un número de incidentes de disputa entre cristianos convertidos del judaísmo y aquellos que llegaron desde los gentiles. Algunos dentro de la hermandad eran identificados como "judaizantes," aquellos insistían en que las ceremonias de la ley de Moisés debían mantenerse en vigencia.

Surgían grandes disputas entre estos judaizantes y los nuevos conversos en cuanto a los días en que se practicaba el "ayuno," y si los gentiles debían circuncidarse o no, si los sábados anuales debían celebrarse o no, y mucho más. Pero, usted no encontrará un solo incidente en cuanto a qué día era el día de santo reposo (sábado).

Si no había ningún otro indicador en cuanto al sábado en el Nuevo Testamento, esto sería suficiente para convencerme a mí de que el día escogido por Dios está todavía en vigencia. Me doy cuenta de que esta línea de razonamiento no es suficientemente persuasiva para muchas personas así que permítame abrirle el apetito con unos cuantos textos más del Nuevo Testamento.

"Vino a Nazaret, donde se había criado; y en sábado entró en la sinagoga, conforme a su costumbre, y se levantó a leer" (Lucas 4:16). Era la costumbre de Jesús observar el séptimo día como día de reposo. Pero podría usted pensar, *"seguro, eso era porque Él vivía en una economía judía."* Sin embargo, en tres años y medio de ministerio, ni una sola vez les dio tan siquiera la idea a Sus discípulos que el día de reposo sería alterado. Por el contrario, cuando Él profetizó la destrucción de Jerusalén que ocurriría en el año 70 después de Cristo, (casi cuatro décadas después de Su ascensión al cielo), Él reconoció que el sábado todavía estaría en vigencia (Mateo 24:20).

Hay varios textos en el Nuevo Testamento que tratan acerca de guardar la Ley de Dios de los Diez Mandamientos. Cristo nunca borró ninguno de los mandamientos—solamente el hombre ha tratado de hacerlo.

¿Sabía usted que el Nuevo Testamento en realidad declara que "queda un reposo" del día santo de Dios después de la resurrección? Déjeme mostrarle: "Porque si Josué les hubiera dado el reposo [*en griego: katapauo*], no hablaría después de otro día. Por tanto, queda un reposo [*en griego: sabbatismos*] para el pueblo de Dios" (Hebreos 4:8, 9).

Josué guió a este pueblo testarudo de Dios hasta la tierra prometida. Pero aún, él no pudo llevarlos a *un descanso físico*, que es lo que significa la palabra *katapauo* en griego. Así que la Biblia nos dice que queda todavía un descanso *(sabbatismos)* para el pueblo de Dios.

Que "queda" significa que existía antes. La traducción literal de *sabbatismos* del griego es "descanso sabático." ¡Todavía queda la bendición de un descanso sabático para los cristianos! Un día cuando cesaremos toda labor, como Dios lo hizo.

El propósito de Dios con el descanso semanal (sábado) fue tanto físico como espiritual—un día para dedicarse enteramente a Él, confiar en Su salvación. Su propósito fue que

Su descanso semanal fuese una bendición en nuestras vidas, un tiempo que se apartara para estar exclusivamente con Él. El deseo de Dios fue que el descanso semanal fuese nuestro deleite (Isaías 58:13, 14).

Me sorprende cuán confundido esté nuestro modo de pensar. Muchas personas consideran que guardar todos Los Mandamientos es estar "bajo la esclavitud." Definitivamente esta no fue la actitud del apóstol San Pablo. "... La ley a la verdad es santa, y el mandamiento santo, justo y bueno ... Me deleito en la ley de Dios" (Romanos 7:12, 22).

Tampoco era el estado mental del salmista. "Mucha paz tienen los que aman tu ley. Y no hay para ellos tropiezo ... He deseado tu salvación, oh Jehová. Y tu ley es mi delicia" (Salmo 119:165, 174).

Y Santiago se refirió a los Diez Mandamientos como "la ley de la libertad," cuando dice que si perseveramos en ella—como hacedores de la obra—seremos bienaventurados en lo que hacemos (Santiago 1:25).

Donde no hay ley, no existe el pecado. Génesis registra muchas experiencias en donde se quebrantan los principios de los Diez Mandamientos. También registra los juicios de Dios contra aquellos que cometieron el pecado. ¿Recuerda usted la definición del pecado? Pecado es la transgresión, o el quebrantamiento de la Ley de Dios (1 Juan 3:4).

¿Acaso no lo hace claro el Nuevo Testamento que para evitar el pecado debemos evitar quebrantar la ley de los Diez Mandamientos? "Porque cualquiera que guardare toda la ley, pero ofendiere en *un punto*, se hace culpable de todos. Porque el que dijo: No cometerás adulterio, también ha dicho: No matarás. Ahora bien, si no cometes adulterio, pero matas, ya te has hecho transgresor de la ley" (Santiago 2:10, 11).

El Nuevo Testamento establece que la verdadera descendencia de Abrahán son aquellos que pertenecen a Cristo. Como descendientes de Abrahán, somos herederos según el pacto hacho con él (Gálatas 3:29). Nuestra creencia y nuestra fe en Cristo como nuestro Salvador nos acredita con Su justicia—¡aleluya!

¿Se espera de nosotros, entonces, que nos amoldemos a la divina voluntad de Dios y al patrón de obediencia de Cristo para mantener nuestra relación recta con Él?

"Si sabéis que Él es justo, sabed también que todo el que hace justicia es nacido de Él" (1 Juan 2:29). Dios nos advierte que no nos dejemos engañar, porque solamente "el que hace justicia, es justo" (1 Juan 3:7). La justicia de Cristo y del Espíritu Santo dentro de nosotros nos da fuerzas para caminar de acuerdo con los principios de Dios.

Dios inspiró a David para que escribiera—"La ley de Jehová es perfecta, que convierte el alma ..." (Salmo 19:7). ¡Fue una experiencia maravillosa cuando Dios habló Su perfecta Ley de los Diez Mandamientos a la asamblea de Israel! Quizá sería bueno que usted repasara Éxodo, los capítulos 19 y 20, para contemplar lo que el pueblo experimentó.

Si el propósito de Dios hubiera sido alterar su ley "perfecta," seguramente no lo habría hecho en una forma tan subestimada. ¡Cristo lo habría proclamado a todo pulmón! Por el contrario, esto fue lo que dijo:

"Porque de cierto os digo que hasta que pasen el cielo y la tierra, ni una jota ni una tilde pasará de la ley, hasta que todo se haya cumplido. De manera que cualquiera que quebrante uno de estos mandamientos muy pequeños, y así enseñe a los hombres, muy pequeño será llamado en el reino de los cielos; mas cualquiera que los haga y los enseñe, este será llamado grande en el reino de los cielos" (Mateo 5:18, 19).

Jesús también dijo, "Si me amáis, guardad mis mandamientos" (Juan 14:15). El amor compele al cristiano que aprende la verdad acerca de la ley de Dios a guardar todos los Diez Mandamientos. No los guardamos *para ser* salvos. Los guardamos porque *somos* salvos. La fe y las obras no están en contra de sí—van como mano a guante.

Si escudriñamos las Escrituras, dividiendo bien la palabra de Dios, encontraremos que los Diez Mandamientos de Dios están en vigencia desde el Génesis hasta el Apocalipsis. Como estudiamos en el capítulo tres, la Ley de Moisés era el "antiguo pacto provisional" con el pueblo de Israel.

La Ley eterna de los Diez Mandamientos estaba incluida en ambos el Antiguo y el Nuevo Pacto. La Ley de Dios sirvió como regla de conducta antes del Sinaí y continúa hasta después de la resurrección.

6

EL DÍA DEL SEÑOR

L a Biblia no deja ninguna duda en cuanto a cuál es el día que pertenece al Señor. Todas las citas que definen el *día especial* de Él asignan el honor al sábado, el séptimo día de la semana. ¿Le sorprende esto?

¿Sabía usted que no hay ni una sola referencia bíblica que indique que *el primer día de la semana* sea el día del Señor? No, ni siquiera una hace esta conexión. En este capítulo, vamos a examinar cada versículo que habla acerca del "primer día de la semana." No se preocupe, no será difícil—sólo hay ocho (cinco de los cuales se refieren al mismo acontecimiento).

Primero, consideremos cómo este error se introdujo en la iglesia.

La mayor parte de las iglesias cristianas basan sus doctrinas (sus enseñanzas) en textos bíblicos. Las doctrinas *bien fundadas* se desarrollan de un estudio profundo de todos los versículos relacionados con cierto tema—se examinan en su contexto correspondiente. Pero hay personas que sacan doctrinas *erróneas* cuando toman un enfoque descuidado utilizando solamente algunos textos—usados fuera de contexto.

Una doctrina ampliamente aceptada va más allá de ser *sin fundación* y llega hasta el realmo de lo *irrazonable*. Esta enseñanza no tiene absolutamente *ningún* respaldo bíblico. Es una tradición del hombre que se practica por los católicos y la mayor parte de los protestantes.

Esa tradición sustituye la observancia del día domingo en lugar del séptimo día (sábado) del mandamiento. En el capítulo ocho trazaremos el origen y la historia de esta costumbre, la cual los católicos reclaman haber instigado y transmitido como su "marca de autoridad" para cambiar la Palabra de Dios.

"Porque dejado el mandamiento de Dios, os aferráis a la tradición de los hombres ... invalidando la palabra de Dios con vuestra tradición que habéis transmitido" (Marcos 7:9, 13).

Con esas palabras, Jesús reprendió a los fariseos de Su tiempo. ¿Escucharán los cristianos que siguen las tradiciones de hombre de *guardar el domingo* las reprensiones de Cristo?

¡Los cristianos están pisoteando el día del Señor! Muchos ni cuenta se dan que están pisoteando tierra santa. "Si retrajeres del sábado tu pie, de hacer tu voluntad en mi día santo, y al sábado llamares delicias, santo, glorioso de Jehová; y lo veneraras ... entonces te deleitarás en Jehová ..." (Isaías 58:13, 14).

¿Notó que Dios reclama el séptimo día como "Mi día santo ... el santo día de Jehová?" Nos estamos yendo sobre la autoridad del Señor cuando no desviamos nuestro pie de pisotear su santo día.

"... El séptimo día *es* reposo para Jehová tu Dios" (Éxodo 20:10). El séptimo día pertenece a Dios. Es el día del Señor.

De acuerdo con la Biblia, todas las cosas fueron creadas a través de Cristo—nada fue hecho sin Él (Juan 1:3). Acabando Jesús de crear al hombre, hizo el sábado para su beneficio. Y Jesús reclama su señorío sobre este Su santo día séptimo. "Así que el hijo del hombre es Señor aun del sábado" (Marcos 2:28).

¿Cómo es que tantos cristianos pueden ser engañados para descartar el santo sábado de Dios y sustituirlo por otro día por tradición? ¿Cómo fue introducida esta falsa alternativa al sistema de gobierno de Dios? No puedo asumir que lo que he escrito hasta aquí pueda borrar el engaño, porque este error ya está muy arraigado en la comunidad cristiana.

Si usted no está, ya, obedeciendo el cuarto mandamiento, tal vez tiene algunas preguntas que todavía no he contestado. Por esta razón, le invito a un viaje hacia el final de este libro. He dedicado algunos capítulos a contestar algunas preguntas que pienso pueden estar persistiendo en su mente.

Pongamos el cuarto mandamiento a un lado por un momento. Sin este mandamiento para recordar el séptimo día y observarlo como santo, *no hay razón en el mundo* que aparte el sábado como especial. En realidad, sin ese mandamiento, *no hay razón para el ciclo semanal.* No tiene nada que ver con la posición del sol, o la órbita y la rotación de la tierra ni la luna.

Desde el punto de vista físico, ¿por qué no tenemos cinco o diez días en la semana? ¿Qué diferencia hay en cuanto a cuál día debemos guardar? ¿Qué ventajas existen entre descansar y adorar en sábado, domingo, o cualquier día de la semana?

¿Por qué el mundo entero tiene un ciclo semanal de siete días? No puedo pensar en *ninguna* razón desde el punto de vista terrenal.

¡Ah—pero hay una *razón celestial!* Dios estableció y puso aparte el ciclo semanal por la autoridad de Su Palabra solamente. Al terminar de crear al hombre, Dios estableció el ciclo semanal de siete días—

"Y acabó Dios en el día séptimo la obra que hizo; y reposó el día séptimo de toda la obra que hizo. Y bendijo Dios al día séptimo, y lo santificó, porque en él reposó de toda la obra que había hecho en la creación" (Génesis 2:2, 3).

Fue Dios quien inspiró a Moisés a escribir "séptimo día" no una vez sino *tres veces* en ese pasaje. ¿Por qué es el séptimo día el último día de nuestro ciclo semanal? Porque Dios estableció que éste fuera un día de descanso, una santa intermisión.

75

Hay solamente una razón por la que el séptimo día (sábado) es santo— Dios *bendijo y santificó* ese día en particular y lo llamó "Mi santo día." Esa es una razón suficiente para mí. ¿Y qué de usted?

Pero, ¿cómo podemos explicar lo que dice el apóstol Juan en el Apocalipsis? Cuando Juan recibió la revelación de Jesucristo, él escribió, "Yo, Juan ... estaba en la isla llamada Patmos, por causa de la palabra de Dios y el testimonio de Jesucristo. Yo estaba en el espíritu en el día del Señor, y oí detrás de mí una voz como de trompeta" (Apocalipsis 1:9, 10).

¿Cuál era el "día del Señor" en el cual Juan recibió la revelación? Algunas personas piensan que él se refería al gran día, día final del Señor (cuando Dios derrama su ira sobre la tierra). Pero, nótese que Juan describió su localidad, su razón por estar allí, y su condición de "estar en el espíritu" cuando recibió la visión.

¿No parece ser más lógico que Juan se refería al día actual en que recibió la visión? La mayoría de los estudiosos de la Biblia se aferran a esta interpretación.

Juan dice, "Yo estaba en el Espíritu en el día del Señor." En el griego se traduce literalmente como "el día del Señor." No hay referencia al primer día de la semana, domingo. Así que, ¿dónde se originó esa idea?

En el imperio Romano, el primer día de la semana (domingo) se llamaba "el día del señor (el emperador)" porque el domingo era el día que el emperador recibía sus pagos de la tesorería. Los paganos que adoraban en domingo también celebraban ese día como el "venerable día del sol."

Los romanos habían desterrado a Juan a la isla alejada de Patmos por su testimonio de Jesús. ¿Cree usted que Juan iba a reconocer el domingo, el *día del señor* en honor al emperador de Roma o el *día del sol*, como día del Señor?

Juan observaba el sábado con Jesús. Él sabía que Dios llamaba el día séptimo "MI DÍA SANTO." Él estuvo allí cuando Cristo se proclamó Señor del sábado. Como discípulo entregado a Jesús, ¿no parece ser lógico que "el día del Señor" para Juan no fuera otro que el día séptimo (sábado)?

Muchas personas piensan que el domingo es "el día del Señor" porque Cristo resucitó el primer día de la semana. Es obvio que los cristianos eventualmente le aplicaron esa etiqueta a ese día como tal. Pero eso no ocurrió hasta la última parte del siglo segundo—por lo menos setenta y cinco años después que Juan escribió el libro del Apocalipsis.

Cuando investigué la *Concordancia de Strong* para conseguir referencias acerca del día del Señor, decía "... el día del Señor, que comúnmente llamamos domingo." La Concordancia típicamente provee una lista de textos relacionados con el tema. Aquí ellos hacen referencia al solo texto de Juan referente a la isla de Patmos que se encuentra en Apocalipsis 1:10. ¡Y por una buena razón!

El único texto que define un día que Dios llama propio se refiere al día séptimo de la semana, nuca el primero. Le desafío a que estudie este tema a profundidad. Si encuentra alguna evidencia bíblica contraria a lo que he escrito, por favor, déjeme saber. He estudiado desde Génesis hasta Apocalipsis acerca de este tema y no he podido encontrar un solo texto bíblico que me indique que el domingo es el día del Señor.

Como Dios Creador del universo, el Señor ejerce la posesión de cada día de la semana. Pero, solamente hay uno que Él dice que es santo y bendito y que es Su día especial—el séptimo día (sábado).

¿Todavía se aferra usted a la idea que Pablo dice que no debemos dejar que nos juzguen en cuanto al día de reposo? Vamos a repasar este comentario y veamos si podemos interpretarlo sin lugar a dudas—

"Por tanto, nadie os juzgue en comida o en bebida, o en cuanto a días de fiesta, luna nueva o días de reposo, todo lo cual es sombra de lo que ha de venir; pero el cuerpo es de Cristo" (Colosenses 2:16, 17).

Es crítico que se examine este versículo en el contexto de los escritos de Pablo para entender a cuáles sábados se refería. Él estaba enseñando que *"el acta de los decretos"* se había clavado en la cruz (Colosenses 2:14) y que esos requisitos se habían eliminado.

La Ley de Moisés decretaba días de reposo ceremoniales cada año durante las festividades que eran simbólicas del ministerio de Cristo. ¿Sabe usted qué era lo que gobernaba la celebración de estos días de reposo anuales? El libro de los decretos establecía instrucciones específicas para estos días ceremoniales—muchas ordenanzas detalladas con relación a la comida, la bebida, y otras prácticas.

Estos sábados anuales especiales eran una mera sombra de la salvación que señalaba a Cristo. Él era la sustancia, o el cuerpo que producía la sombra. Por esta razón, dos versos más adelante, Pablo dijo que no permitiera que nadie juzgara en cuanto comida o bebida, y la observancia de los días de reposo ceremoniales anuales. ¿Puede usted darse cuenta que definitivamente él no se refería al día de reposo del cuarto mandamiento?

Entonces bajemos nuevamente el cuarto mandamiento del estante y coloquémoslo donde corresponde, como parte de los Diez Mandamientos de Dios.

Puede ser que la fragilidad del razonamiento humano no pueda entender por qué Dios quiere que Le adoremos en el séptimo día de la semana. Como les dije, *no hay razón en el mundo para que el sábado sea un día más especial que cualquier otro día de la semana.* No tiene sentido para nosotros. Pero si ignoramos las Escrituras y rehusamos obedecer al mandato de Dios, ¡estamos poniendo en duda Su autoridad!

El séptimo día fue el día que Dios escogió para llevar a cabo los servicios de culto en la iglesia. "Seis días se trabajará, pero el séptimo día será de reposo, santa convocación; ningún trabajo haréis, día de reposo es de Jehová en dondequiera que habitéis" (Levítico 23:3).

El día séptimo (sábado) es un llamado de Dios a una santa convocación—una invitación a congregarse en una santa asamblea para adorar a nuestro Señor. Jesús estableció el patrón para que nosotros lo siguiéramos. "… Y en el día sábado entró en la sinagoga, conforme a su costumbre" (Lucas 4:16).

Algunas personas creen que hay pruebas en el Nuevo Testamento de que los discípulos adoraban en el primer día de la semana después de la crucifixión de Cristo. Hay solamente ocho ocasiones en toda la Biblia en que la frase "primer día de la semana" se menciona, y cada referencia se encuentra en el Nuevo Testamento (el séptimo día se menciona 59 veces en Nuevo Testamento solamente).

Antes de discutir los textos acerca del "primer día de la semana" sería bueno repasar la definición de acuerdo con los tiempos bíblicos. "Y llamó Dios a la luz día, y a las tinieblas llamó noche. Y fue la tarde y la mañana, un día" (Génesis 1:5).

Un día bíblico comenzaba a la puesta del sol. Una práctica clara de este método de medir el tiempo la encontramos en Levíticos 23:32, "… de tarde a tarde guardaréis vuestro reposo."

La observancia del sábado semanal era desde el viernes al bajar el sol hasta el sábado al bajar el sol. Aunque los romanos calculaban el tiempo como nosotros lo hacemos hoy (donde el nuevo día comienza a la media noche), los discípulos de Jesús definían el *principio* de su día desde *el momento en que bajaba el sol.*

Cinco de las ocho referencias al día "primero de la semana" (Mateo 28:1; Marcos 16:2; Marcos 16:9; Lucas 24:1; Juan 20:1) corresponden al día cuando las mujeres discípulos de Jesús volvieron a Su tumba la mañana de la resurrección.

Es interesante notar que después de la crucifixión, estas mujeres, discípulas devotas de Cristo, primero "descansaron en el sábado de acuerdo con el mandamiento" (Lucas 23:56).

Aunque estaban ansiosas de ungir Su cuerpo con especias y aceites de fragancia, esperaron desde la tarde del viernes hasta temprano en la mañana del domingo para regresar a la tumba. Obviamente ellas entendían que el mandamiento del sábado no había sido eliminado en la cruz.

Ahora daremos un vistazo breve a las otras tres referencias acerca del "primer día de la semana."

El primero es Juan 20:19, en donde encontramos a los temblorosos discípulos de Cristo reunidos en el primer día de la semana, el domingo de la resurrección. Después de la crucifixión, estaban reunidos encerrados por miedo a los judíos. ¿Cómo es que alguien puede pensar que esta era una reunión de culto?

Los discípulos todavía no entendían que Cristo se levantaría de Su tumba. No creían el informe de aquellos a quienes Cristo ya se les había aparecido—las mujeres y los hombres que volvieron después de su encuentro con Jesús camino a Emaús. Esta reunión comenzó como un evento solemne y lleno de miedo. Puede leerse Marcos 16:12-14 y Lucas 24:33-49 para más información concerniente a este evento.

En la segunda referencia, Hechos 20:7, los discípulos estaban reunidos para partir el pan con Pablo para su despedida antes de él irse a su viaje. Lucas registra que esto fue "el primer día de la semana," comenzando a la puesta del sol el sábado. Aparentemente Pablo tenía mucho que decir en su mensaje de despedida. Él prolongó su sermón hasta la media noche.

El pobre Eutico se quedó dormido durante el sermón y se cayó desde el tercer piso y lo levantaron muerto. Muchos creen que la razón por la cual Lucas registró este incidente fue porque Dios hizo un milagro a través de Pablo al traerlo nuevamente a la vida. Luego Pablo continuó hablando hasta el domingo por la mañana, la parte clara del primer día de la semana.

La tercera referencia en cuanto al "primer día de la semana" (además de los mencionados en el evangelio del día de la resurrección de Cristo), se encuentra en 1 Corintios 16:2. En ese verso, Pablo instruye a los hermanos a que sistemáticamente recolectaran en beneficio de aquellos creyentes de Jerusalén que habían sido azotados por el hambre, que *pusieran a un lado* algo en el primer día de cada semana.

La traducción literal del griego significa que atesore en su casa. Pablo quería que cuando él llegara las contribuciones estuvieran listas, para él llevarlas a la iglesia en Jerusalén. Esto ni siquiera asemeja una referencia a guardar el domingo.

Además de las referencias hechas acerca de la resurrección de Jesús, solo hay tres textos que hablan del "primer día de la semana." Los acabamos de repasar. ¿Ve usted alguna evidencia de que Dios transfiriera Su santo día de sábado a domingo?

Siendo que Dios ha puesto tanta importancia a Su santo sábado, tendría mucho sentido que Él anunciaría cualquier cambio hecho a Su día de reposo en una forma espectacular. ¿No estaría de acuerdo? ¿Se imaginaría usted que Él en silencio escondiera este mandamiento bajo la alfombra y dejara al hombre que *adivine* o *especule* acerca de lo que es Su voluntad?

La observancia del domingo es una tradición del hombre. La mayor parte de los eruditos de la Biblia están de acuerdo con esto. Vamos a ver sus comentarios en el capítulo ocho.

Me he encontrado con muchas personas que están de acuerdo que debemos apartar un tiempo para Dios y descansar un día de cada siete. Sin embargo, dicen que no importa qué día sea el que escojamos, mientras que descansemos. ¡Es como una bofetada a nuestro Dios Creador!

Es un ejemplo clásico de seres creados creyendo que son más sabios que el Creador. En este caso la "creación" le está diciendo al Creador que Él no tiene el derecho para autorizar cual es el día de reposo y de adoración. Los mandatos de Dios no siempre computan con nuestras *pequeñas mentes finitas*, pero eso no niega nuestra obligación a obedecer al Dios Todopoderoso.

A través de los años, muchos cristianos bien intencionados han tratado de desanimarme a guardar el sábado bíblico. Hablan en términos agitados de "legalismo, esclavitud, tradición judía" y así por el estilo. Pero todavía no he encontrado uno que diga que guardar los otros nueve Mandamientos caiga en una de estas categorías.

¿Podría usted imaginarse cómo se escucharía eso? "Ah, tú estás bajo el yugo de la tradición judía si tomas el mandamiento de cometer homicidio en serio. No eres sino un legalista." ¿Pensarían ellos que yo estaría bajo yugo porque no me inclino a imágenes esculpidas y porque no tengo otros *dioses* delante de mi Dios Creador? La observancia del sábado no es otra cosa que disfrutar de una relación íntima con Dios. Se trata de libertad, no de esclavitud.

Entonces están los que citan Efesios 2:8, y dicen con gran entusiasmo que somos salvos solamente por la gracia, a través de la fe. ¡Absolutamente—estoy de acuerdo! Sin embargo, ¿no han leído los versículos más allá de este, donde Pablo dice que fuimos "Creados en Cristo Jesús para buenas obras, las cuales Dios preparó de antemano para que anduviésemos en ellas" (Efesios 2:10)?

¿O qué de Santiago 2:20, "la fe sin obras es muerta"? Mejor todavía, ¿es que nunca han leído Hebreos 5:9, que afirma que Cristo "vino a ser autor de eterna salvación para todos los que le obedecen"?

¿Acaso Pablo creía que siendo que somos salvos por la gracia, a través de la fe, podemos ignorar la ley de los Diez Mandamientos? "Ya que por las obras de la ley ningún ser humano será justificado delante de él; porque por medio de la ley *es* el conocimiento del pecado. ... ¿Luego por la fe invalidamos la ley? En ninguna manera, sino que confirmamos la ley" (Romanos 3:30, 31).

La definición griega para *confirmar* es "que quede establecido." ¡Sin Cristo, no podemos hacer nada! Es solamente a través de Su poder transformador y de Su Espíritu dentro de nosotros que podemos guardar Sus mandamientos. En Hebreos 8:10, el escritor repitió la promesa de Dios del nuevo pacto de Jeremías 31:33, "Daré mi ley en su mente, y la escribiré en su corazón; y yo seré a ellos por Dios, y ellos me serán por pueblo." Es por la fe que Sus Diez Mandamientos quedan establecidos en nuestros corazones.

Es la fe y la absoluta confianza en Dios lo que establece que el sábado pueda ser un monumento a nuestro Creador. Cada día de reposo lleva nuestros pensamientos a la creación—al que nos hizo a su imagen y semejanza, y que ahora nos está recreando a su imagen. Por la fe, miramos atrás al día cuando Dios separó el sábado como un memorial de Su creación (Génesis 2:2, 3).

Dios sabía que las presiones de nuestra semana de trabajo nos enredarían en asuntos terrenales, y que podíamos olvidarnos de reconocerlo como nuestro Creador todopoderoso. Él estableció el sábado semanal para volver nuestros pensamientos hacia Él, para animarnos espiritualmente, darnos descanso físico, y esperanza para el futuro.

Cada sábado podemos descansar de las cargas de este mundo y enfocarnos en nuestro Dios. Se nos hace conscientes de que "mayor es el que está en vosotros, que el que está en el mundo" (1 Juan 4:4).

"Con todo eso vosotros guardaréis mis sábados: porque es señal entre mí y vosotros por vuestras edades, para que sepáis que yo soy Jehová que os santifico. Así que guardaréis el sábado porque santo es a vosotros" (Éxodo 31:13, 14).

Es mediante la fe que observamos el séptimo día como monumento conmemorativo de que Dios es Quién nos santifica—al prepararnos y al hacernos santos (ver también Ezequiel 20:12). Aceptamos, mediante la fe, "que el que comenzó en vosotros la buena obra, la perfeccionará" (Filipenses 1:6).

No hay razón terrenal para guardar el cuarto mandamiento de Dios. Pero existe la mejor razón espiritual en el universo creado. ¡El día de reposo (sábado) es el sello de autoridad de Dios como Creador y Redentor! Él lo llama Su señal entre nosotros de que Él es el que nos santifica. ¿Estamos verdaderamente dispuestos a confiar en Dios y a obedecerle? El sábado es una señal de lealtad. Demuestra si servimos a Dios, nuestro Creador, o al hombre, quien desestima el mandamiento de Dios por la tradición.

¿Reconocemos los cristianos la señal de autoridad de Dios o dejaremos que la tradición tome precedencia sobre Su Santa Palabra?

"Porque como los cielos nuevos y la nueva tierra permanecerán delante de mí, dice Jehová, así permanecerá vuestra descendencia y vuestro nombre. Y de mes en mes y de sábado en sábado, vendrán todos a adorar delante de mí, dijo Jehová" (Isaías 66:22, 23).

¡El sagrado sábado es perpetuo! Hemos de celebrar el día del Señor a través de la eternidad. ¿Por qué hemos de permitir que una doctrina sin fundamento, una tradición de hombre que no tiene base bíblica, nos quite ese gozo?

Dios santificó el séptimo día de cada semana para nuestro beneficio, para que podamos dedicar tiempo especial con Él y descansar de todas nuestras preocupaciones mundanales.

El día de descanso (sábado) es el único día que Dios define como "Mi santo día"—el día del Señor.

7 HECHO PARA EL HOMBRE

"El sábado fue hecho por causa del hombre, y no el hombre por causa del sábado" (Marcos 2:27). ¿Qué quiso decir Jesús con esto? Nos ayudará ver la traducción literal del comentario de Cristo—"el sábado fue hecho en beneficio del hombre."

Dios es el dador de todo regalo bueno y perfecto. Por el amor de Él hacia nosotros, estableció el sábado para nuestro beneficio. Primero Dios creó el hombre, luego coronó su creación al ordenar Su eterno sábado. ¡Este fue su acto de amor para bendecirnos!

El Señor asignó tan especial significado a Su santo día que llegó a ser el corazón de la Ley. Pero los fariseos robaron el gozo intencionado para el séptimo día imponiendo rituales absurdos y prohibiendo treinta y nueve tareas rutinarias. De acuerdo con sus reglas, ¡una persona era culpable de violar el sábado simplemente por hacer o deshacer un nudo, o por comerse un huevo puesto en el día del sábado!

Con reglas tan ridículas como esta, guardar el sábado llegó a ser una carga molestosa en vez de una alabanza. Y como usted adivinará, con el razonamiento deteriorado del hombre, que la gente comenzó a preparar complots y a tramar. Pronto desarrollaron formas para esquivar los requerimientos extendidos, mientras satisfacían la "letra" de la ley hecha por hombres. Tristemente, el espíritu de celebración del sábado se perdió.

"Por tanto, el Hijo del Hombre es Señor aun del sábado" (Marcos 2:28). Cristo fue el Maestro del sábado—no un esclavo del mismo, como lo proclamaban los fariseos. Jesús se rehusaba a cumplir con las restricciones que causaban controversia en Su día santo. Él anunció su señoría aun sobre sábado y su autoridad para restablecer el propósito espiritual que Él se proponía originalmente.

¿Cuáles fueron las razones para instituir el sábado? Encontré esta cita en el *"Easton's Illustrated Dictionary"* (Diccionario Ilustrado de Easton). Yo no podría decirlo mejor, así que aquí está:

"El sábado, instituido originalmente para el hombre en su creación, es una obligación permanente y universal. Las necesidades físicas del hombre requieren un descanso sabático. Está hecho de tal manera que su bienestar físico necesita por lo menos un día en siete para descansar de su trabajo. La experiencia también prueba que las necesidades morales y espirituales del hombre demandan un descanso sabático."

Easton continúa citando a F.W. Robertson (1816-1853), un reformador cristiano también conocido como la conciencia victoriana:

"Estoy más y más seguro por experiencia que la razón para la observancia del sábado se encuentra profundamente en las necesidades eternas de la naturaleza del hombre, y que mientras el hombre sea hombre la bendición de guardarlo, no como un día solamente de descanso, sino como descanso espiritual, nunca será anulado. Ciertamente siento por experiencia la eterna obligación, debido a la necesidad eterna del sábado.

"El alma se marchita sin el sábado. Prospera en proporción a su observancia. Fue hecho para el hombre. Dios lo hizo para el hombre en un estado espiritual tal porque lo necesita. La necesidad está, por lo tanto, profundamente escondida dentro de la naturaleza humana. El que la utiliza necesita ser santo y espiritual. Y aquel que, aun sin santidad y sin espiritualidad, prescinde de él fracasa en ser más sabio que su Creador." El Señor estableció el sábado como una muestra de lo que es el descanso celestial. Dios ordenó un día en siete para conocerle mejor y para unirnos sin las distracciones diarias. Él desea que la celebración del sábado semanal sea para un recuerdo, para dejarnos saber que Él no es solamente nuestro Creador, sino también nuestro Redentor. La creación del sábado nos demuestra nuestra total dependencia de Aquél que nos amó con un amor eterno. Al participar del descanso semanal de esta manera muy especial, Dios nos hace reconocer el trabajo que Él hará en nosotros, para santificarnos con Su poder. Él quiere que reconozcamos que nos llenará de poder para caminar en obediencia, motivados por el amor hacia Él. Al observar el sábado estamos desarrollando una relación con un Dios de amor. Piénselo. La esencia de lo que Dios nuestro Creador nos dice es algo como lo siguiente:

"He escogido un día especial para pasarlo completamente contigo. Lo he bendecido y lo he santificado. Este es mi santo día—apartado para estar juntos. He de causar que te olvides de todas las cosas que Satanás está haciendo para robarte, matarte y destruirte. Aléjate de las preocupaciones de este mundo. Ven, descansa en Mí.

"Únete conmigo para celebrar nuestra amistad. Al estar en Mi presencia, tu depresión y tu desánimo desaparecerán. En este día te levantaré a alturas más allá de este mundo. Restableceré tu gozo. Haré que se desborde tu esperanza. Te daré una paz que supere todo entendimiento. Ven, Mi hijo, te amo y quiero pasar este tiempo contigo."

¡Cuánto me alegro al saber que Dios hizo el sábado para mí! Lamentablemente, la congregación de mi juventud tenía tendencias legalistas hacia la observancia del sábado— se enfocaban en una lista de cosas que *no* debíamos hacer, en vez de enfocarse en el gozo de lo que *podemos* hacer.

Mis padres adoptaron esa misma actitud y sufrí debido a las limitaciones de muchos sábados. Años más tarde, mi dependencia de Dios y de Su Palabra, alumbró mi camino en cuanto al tema.

Cuando aprendí que el sábado era la expresión de amor de Dios hacia mí, hizo una gran diferencia en mi forma de observar el sábado. Ya no era un intento de estar en paz con Dios al obedecerle. Por el contrario, me acerqué para pasar más tiempo con Él en Su sábado, como expresión de mi amor hacia Él.

He aquí el testimonio de mi colega al descubrir la verdad acerca del sábado:

"Crecí en una familia que demandaba la perfección de mi parte. La iglesia a la cual yo asistía cuando era joven pintaba un cuadro de Dios como iracundo que también demandaba perfección. Pensaba que mi Padre celestial me vigilaba y que estaba listo para destruirme cuando yo fallara en algo.

"Toda mi vida estuve actuando para conseguir la aceptación—de mi familia y de mi Dios. No fue hasta que Dios me enseñó la verdad del sábado que fui liberada de esa actitud de actuación teatral.

"La primera vez que experimenté la completa *libertad de una actuación* fue cuando guardé mi primer sábado. Sentí que se me había dado permiso para sentarme, descansar y gozarme—sin trabajo, sin tareas diarias, sin exigencias. Pero, más que todo, tenía todo el día para dedicarlo a Dios.

"Me di cuenta que *sabía* que Él me santificaría—causando que yo fuera todo lo que Él me había llamado a ser. ¡Esto sí fue entrar en Su reposo! ¡No hubo nada igual! Por eso es que Éxodo 31:13 es mi texto favorito acerca del sábado. Es una señal para que yo recuerde que es Dios quien me santifica—al desarrollar el carácter de la santidad de Cristo.

"Y todavía, hacia el fin de la semana, a veces me siento que caigo otra vez en la mentalidad de una actuación—pensando que no estoy haciendo lo suficiente para complacer a Dios. Pero al darle la bienvenida al sábado, Dios me recuerda Gálatas 3:3, '¿Tan necios sois? ¿Habiendo comenzado por el Espíritu, ahora vais a acabar por la carne?' El sábado me hace recordar que sin Cristo, nada somos.

"Mi experiencia con Dios pasó por una transformación radical cuando comencé a celebrar Su descanso sabático. Me pude dar cuenta que Su gracia es suficiente—Su poder se perfecciona en mi flaqueza.

"Aprendí que la obediencia es el camino a la bendición. Y es mucho más fácil obedecer, ahora que sé que debo depender totalmente de Él para todas las cosas. Al celebrar el sábado he aprendido a recibir el amor de Dios en una nueva dimensión."

¡Esa fue la razón por la cual Dios instituyó el sábado! ¡Cuando Dios terminó su obra de la creación, descansó de su trabajo y lo celebró! "Dios *bendijo* el sábado y lo santificó ..." (Génesis 2:3).

La palabra hebrea para *santificado* es "qadas," y aparece por primera vez en la Biblia en Génesis 2:3. Qadas (santificado) significa "declarar algo como santo o declararlo como exclusivamente para celebrar la gloria de Dios" (*Vine's Expository Dictionary of the Old and New Testament Words*).

¡El séptimo día fue separado de los demás días de la semana, fue declarado *santo* y para ser usado *completamente* para Su gloria! "Por causa del hombre" fue que Dios ordenó el sábado en el momento de la creación. Adán y Eva eran los únicos humanos sobre la tierra. Dios creó un tiempo especial, el séptimo día de cada semana para celebrar con Su nueva familia y desarrollar una relación más completa entre Él, el Creador, y el hombre, el ser creado.

No entiendo por qué los cristianos se oponen a creer que Dios instituyó el sábado en la creación. No tienen esa actitud hacia el matrimonio. La mayor parte de los cristianos reconocen que Dios estableció la santidad del matrimonio en el jardín del Edén.

De la misma manera Él "bendijo el sábado y lo santificó." También bendijo y santificó la unión de Adán con Eva. Instituyó el matrimonio en un instante. "Por tanto, dejará el hombre a su padre y a su madre, y se unirá a su mujer, y serán una sola carne" (Génesis 2:24).

¿Ha escuchado usted alguna vez que alguien dijera que la institución del matrimonio no fue establecida hasta el monte Sinaí, o que el matrimonio era solamente para los judíos? Parece ridículo, ¿verdad?

Desde el registro del matrimonio entre Adán y Eva hasta el monte Sinaí, no se escucha otra declaración relacionada con el matrimonio. Sin embargo, en el nuevo Testamento, las palabras de Dios se repiten o se mencionan en tres ocasiones (Marcos 10:8; 1 Corintios 6:16; Efesios 5:31).

El mundo cristiano afirma que el matrimonio fue un regalo que Dios nos dio en la creación. ¿Por qué no aplican ese mismo razonamiento al sábado? ¿Por qué no podemos asumir que la primera pareja continuó gozándose de la bendición y santidad del día del Señor cada semana?

Fue con conocimiento de primera mano que Jesús habló acerca del sábado cuando dijo que había sido hecho "por causa del hombre." El Padre, el Hijo, y el Espíritu Santo trabajaron juntos en la creación. Cristo sabía que había bendecido y santificado el sábado como regalo especial a sus seres creados. Lo hizo para el hombre—no para Sí mismo. Y nada sugiere ni remotamente que el sábado se echó a un lado hasta el tiempo de Moisés y la nación judía.

Debemos recordar que aunque Dios hizo un pacto eterno de salvación por la gracia, con Abrahán, Él confirmó el pacto con el hijo del patriarca porque "Abrahán oyó Mi voz y guardó mis preceptos, mis mandamientos, mis estatutos y mis leyes" (Génesis 26:5). Esta es una declaración de un trabajo que se completó. A través de toda la Biblia, se refieren todas estas descripciones a los Diez Mandamientos, a la ley moral.

Dios cumple Su pacto con aquellos que cumplen su pacto con Él—con los que le aman y guardan sus mandamientos (Deuteronomio 7:9, Daniel 9:4, Nehemías 1:5).

No hay razón lógica para que alguien asuma que los mandamientos que Abrahán observó fueran diferentes a los que Dios le entregó a Moisés en tablas de piedra. ¿Cómo es que una persona intelectualmente honesta puede decir que la ley que Abrahán, Isaac, y Jacob obedecieron no incluía el sábado?

También le animo a que recuerde cómo Dios trató con Israel. Cuando Israel fue a Egipto, solamente setenta personas se encontraron con José. Durante el tiempo que estuvieron en Egipto, Dios los multiplicó "como las estrellas del cielo en multitud" (Deuteronomio 10:22). Pero lo que comenzó como un refugio generoso se convirtió en una cueva de esclavitud.

Durante siglos de cautividad, los Faraones le robaron a Israel el privilegio de practicar la ley de Dios tal como fue entregada a sus antepasados. Aun así, escuche lo que Dios le dijo a Moisés en el desierto, después que los sacó de Egipto y se preparara para hacer llover maná del cielo para Israel:

"He aquí yo os haré llover pan del cielo; y el pueblo saldrá y recogerá diariamente la porción de un día, para que yo le pruebe si anda en mi ley, o no" (Éxodo 16:4). *La pregunta es—¿a qué ley se refería Dios en esa ocasión?*

Moisés lo explicó al pueblo cuando dijo, "Seis días recogerán, más el séptimo día, *el cual es* el sábado, no habrá." Algunos se mofaban de las instrucciones de Moisés y salieron a buscar en el día sábado, y solo volvieron decepcionados con sus canastas vacías.

Consideremos la respuesta de Dios, "¿Hasta cuándo no querréis guardar mis mandamientos y mis leyes?" [¡Fíjese!] Mirad que Jehová os dio el día de reposo, y por eso en el sexto día os da pan para dos días. Estése, pues, cada uno en su lugar, y nadie salga de él en el séptimo día."

El pueblo escuchó debido a que Dios se enojó porque quebrantaron su sábado, y comenzaron a descansar en el séptimo día (Éxodo 16:26-30).

Si consideramos el tiempo del éxodo, Dios requería que los israelitas que Él redimió de la esclavitud guardaran el sábado mucho *antes* de llegaran al monte Sinaí. Fue después de este incidente que ellos recibieron agua desde la roca, fueron victoriosos sobre los amalecitas, y Jetro le aconsejó a Moisés cómo establecer un gobierno para aliviarle la carga al cansado líder. Más tarde ellos llegaron al monte Sinaí.

Ya que Dios les estaba probando "si guardarían Mi ley o no" *antes* de que Moisés les dejara saber que era sábado y *antes* de que Dios les diera los Diez Mandamientos en el monte Sinaí, ¿no significa esto que el sábado que comenzó en la creación fue transmitido de generación en generación?

La Biblia dice que de sábado en sábado, durante toda la eternidad, vendrá "toda" carne a adorar ante el Señor (Isaías 66:22, 23). Tiene sentido entonces que tendremos un descanso semanal en los nuevos cielos y en la nueva tierra— un día en que nos congregaremos para compartir con nuestro Señor y con cada uno, tal y como lo hacemos hoy.

Lo que no tiene sentido, sin embargo, es por qué Dios santificaría y bendeciría originalmente el sábado, lo eliminaría por un tiempo, lo restablecería nuevamente para los judíos, y luego lo reinstituiría cuando *toda* carne se reúna después de la resurrección de Su pueblo.

¿No resulta más consistente creer que el día sábado que Dios bendijo y santificó es un pacto de amor perpetuo?

Dios enfatizó Sus Mandamientos al escribirlos en tablas de piedra (las tablas del Testimonio). Luego instruyó que se guardaran en un lugar permanente, dentro del arca del pacto, Su trono, en el lugar Santísimo del Templo. ¿Dónde cree usted que está el arca-trono hoy? "Y el templo de Dios fue abierto en el cielo, y el arca de su pacto se veía en el templo ..." (Apocalipsis 11:19). ¿No cree usted que el contenido del arca en el cielo sea el mismo que en el simbólico que fue construido en la tierra de acuerdo al patrón?

De todas las consideraciones, esta es la que más me fascina. Cuando Dios escribió Sus Mandamientos en piedra comenzó solamente el cuarto (acerca del sábado) con la palabra "ACUÉRDATE." ¿Puede alguien explicarme por qué este es el único mandamiento que la iglesia cristiana quiere olvidar?

"Porque así dijo Jehová el Señor, el santo de Israel: En descanso y en reposo seréis salvos; en quietud y en confianza será vuestra fortaleza. Y no quisisteis" (Isaías 30:15). Mi coautora dice que este fue el versículo para su vida por muchos años. Lo irónico es que ella nunca citó las últimas tres palabras "Y no quisisteis." No se daba cuenta lo que el Señor estaba tratando de decirle a través de este versículo hasta que celebró su primer sábado.

Repasemos algunas de las evidencias bíblicas que hemos estudiado hasta aquí para explicar mejor por qué no debemos olvidar qué fue creado para nuestro beneficio, qué es lo que Dios pidió que no olvidáramos:

1. Dios instituyó el sábado en la creación—Él lo bendijo y lo santificó. Esta es la única razón para el ciclo semanal (Génesis 2:2, 3).

2. Dios hizo el sábado para beneficio de la raza humana (Marcos 2:27). Adán y Eva eran los únicos que existían en el Jardín del Edén. Si Dios hizo el sábado para ellos, lógicamente, lo observaron y lo disfrutaron juntamente con Él. Mucho más, especialmente, después de

su caída fatal. El sábado es el día en que ellos podían cesar de su sentencia de ardua labor, y una vez más, descansar en su Redentor.

3. Abrahán y sus descendientes guardaron todos los mandamientos de Dios incluyendo el sábado (Génesis 26:4, 5).

4. Dios requería de Moisés y del pueblo de Israel que guardaran su ley del sábado *antes* de que les entregaran los Diez Mandamientos (Éxodo 16:4, 26-30).

5. Dios enfatizó Sus Diez Mandamientos—en piedra, con Su propio dedo—para magnificar su prioridad moral divina ante el pueblo de Israel, que había perdido la evidencia de su naturaleza esencial por sobre cuatrocientos años de cautividad. Él puso énfasis especial en recordar Su descanso sabático (Éxodo 20:8-11).

6. Jesús—Rey de reyes y Señor de señores—proveyó un patrón para nosotros. Mientras estuvo en la tierra como Hijo del Hombre, estableció su costumbre de adorar en sábado al asistir a los cultos (Lucas 4:16).

7. Cuando Jesús profetizó acerca de los eventos que ocurrirían cuarenta años después de Su muerte (70 después de Cristo, la destrucción de Jerusalén), Él subrayó el hecho de que Sus seguidores todavía observarían Su sagrado sábado semanal (Mateo 24:20).

8. Jesús dijo que Él no había venido para destruir la ley, sino para cumplirla en su total sentido espiritual. Declaró enfáticamente que "ni una jota ni un tilde" cambiarían hasta que pasen el cielo y la tierra (Mateo 5:17, 18).

9. Los discípulos de Cristo observaron el sábado después de la crucifixión (Lucas 23:56; Hechos 13:14, 42-44; 16:13; 18:4). En el Nuevo Testamento no se hace mención (escrito hasta sesenta años después de la muerte

de Cristo) acerca de cambiar o eliminar el descanso sabático.

10. El Pacto Antiguo contenía los Diez Mandamientos (Éxodo 24:4, 7, 8; Deuteronomio 31:24-26).

11. El Nuevo Pacto contiene los Diez Mandamientos (Jeremías 31:31-33; Hebreos 8:8,10).

12. Toda carne—del pueblo redimido de Dios—celebrará el sábado en el nuevo cielo y la nueva tierra por la eternidad (Isaías 66:22, 23).

Me da una gran seguridad saber que Dios no cambia (Malaquías 3:6; Hebreos 13:8). Una de las lecciones más grandes que he aprendido en mi vida es que la consistencia en las acciones nos ayuda a desarrollar confianza, y si yo puedo confiar en la palabra de una persona, puedo confiar en esa persona.

Dios dijo, "No olvidaré mi pacto, ni mudaré lo que ha salido de mis labios" (Salmo 89:34). Estoy seguro de que no fue el propósito de Dios cambiar la ley que representaba la naturaleza de Su amor y la expresión de su perfecta voluntad. También sé, más allá de cualquier duda, que puedo confiar en su palabra, porque Él nunca miente.

El Señor del sábado nos prometió enviar su Santo Espíritu si caminamos en una obediencia de pacto con Él. "Si me amáis, guardad mis mandamientos. Y yo rogaré al Padre, y os dará otro Consolador, para que esté con vosotros para siempre" (Juan 14:15, 16).

Cristo, nuestro glorioso Salvador, da el arrepentimiento y el perdón del pecado. Él también provee el Espíritu Santo a aquellos que Le obedecen:

"A éste, Dios ha exaltado por Príncipe y Salvador, para dar a Israel arrepentimiento y perdón de pecados. Y nosotros somos testigos suyos de estas cosas, y también el Espíritu Santo, el cual ha dado Dios a los que le obedecen" (Hechos 5:31, 32).

¿Cuánto creemos conocer a este Dios de amor, el Santo y Justo Creador del universo? Si decimos conocerle sin guardar Sus mandamientos, la Biblia nos considera mentirosos: "El que dice: Yo le conozco, y no guarda sus mandamientos, el tal es mentiroso, y la verdad no está en él; pero el que guarda su palabra, en este verdaderamente el amor de Dios se ha perfeccionado; por esto sabemos que estamos en Él. El que dice que permanece en él, debe andar como él anduvo" (1 Juan 2:4-6).

¿Quiere usted sinceramente que Dios perfeccione Su amor en usted? ¿Es el deseo de su corazón estar en Cristo y conocer al Señor *a través de una experiencia personal?* Entonces, ¿vendrá a Dios con la misma actitud humilde de Cristo?

"He aquí, vengo:
En el rollo del libro está escrito de mí;
El hacer tu voluntad, Dios mío, me ha agradado,
Y tu ley está en medio de mi corazón."
—Salmo 40:7, 8 (ver también Hebreos 10:7)

¿Aceptará usted el consejo bíblico para caminar en Sus pasos, seguir los Diez Mandamientos de Dios, y gozarse del descanso sabático que Él hizo especialmente para usted?

La gracia de Cristo Jesús, el amor de Dios, y el compañerismo del Espíritu Santo se derramará sobre usted de una manera nueva y grande al celebrar, cada semana, el día que el Señor hizo para su beneficio.

8
No es un Secreto
—La Iglesia Católica Admite
el Cambio

Yo me considero un verdadero protestante. Siendo que no conozco su convicción, quiero hacer una aclaración al principio de este capítulo.

Pronto hemos de examinar algunas declaraciones y comentarios hechos por la Iglesia Católica. No estoy de acuerdo con la posición de autoridad que reclama este sistema religioso. Pero quiero expresar mi creencia de que Dios tiene Su pueblo en todas las iglesias—incluyendo la Iglesia Católica Romana.

Dios mira el corazón y juzga la persona en una forma personal, de acuerdo con su sinceridad.

Tengo muchos amigos católicos que son cristianos muy dedicados. Tengo también muchos amigos cristianos que son protestantes que guardan el domingo. No estoy de acuerdo con ninguno de los dos grupos en el asunto del día de reposo, pero Dios no me llamó a mí para juzgar a ninguno de ellos.

El propósito de este capítulo es presentar las declaraciones publicadas por el sistema papal con relación a los protestantes que guardan el domingo.

¿Cuánto conoce usted acerca de la reforma protestante? Tristemente, la mayor parte de la generación de hoy sabe muy poco. Tiene sus raíces hacia finales de la era medieval, cuando los reformadores John Wycliffe y Jan Hus confrontaron la corrupción dentro de la Iglesia Católica Romana. No obstante, fue un monje católico que llamado Martín Lutero quien sacudió el sistema papal con la reforma en el siglo dieciséis.

Al sentirse torturado por la inseguridad del amor de Dios y su propia salvación, Lutero investigó las Escrituras para resolver su propia crisis espiritual. Descubrió las grandes verdades acerca de la justificación y la salvación por la gracia, a través de la fe. Al clavar sus noventa y cinco tesis sobre la puerta de la iglesia en Wittenberg, encendió la Reforma Protestante que llenó el país con el grito de "sola scriptura"— *¡la Biblia y solamente la Biblia!*

Hoy, una violación de esta doctrina de solamente la Biblia ha opacado el mensaje del protestantismo. Por definición histórica, los protestantes son aquellos que protestan el derecho que se impone el Papa como única autoridad sobre los asuntos de la fe religiosa. Somos los que creemos en la Biblia y aceptamos su suprema autoridad como la Palabra de Dios.

Por lo menos, eso es lo que representamos. Pero, ¿sabía usted que la iglesia Católica regaña a los protestantes que guardan el domingo porque no mantienen la premisa de obedecer solamente la Biblia? Consideremos esta cita de parte del Reverendo Juan O'Brien:

"Siendo que el sábado, no el domingo, se especifica en la Biblia [como el día de reposo del Señor], ¿no es curioso que los que no son católicos, que profesan tomar su religión directamente de la Biblia y no de la iglesia observen el domingo en lugar del sábado? Sí, seguro que es inconsistente, pero el cambio fue hecho unos quince siglos antes de que naciera el protestantismo.

"Ellos [los protestantes] continúan observando la costumbre aunque esta descansa sobre la autoridad de la Iglesia Católica y no sobre un texto explícito de la Biblia. Esa observancia se mantiene como recordativo de la iglesia madre de donde las sectas no católicas salieron como un niño que corre de su madre, pero que todavía guarda en su bolsillo una foto de ella o una mecha de su cabello" (*The Faith of Millions*, pp. 421, 422).

¡No es un secreto! La Iglesia Católica admite haber cambiado lo sagrado del día séptimo (sábado) al domingo. "Seguro, que la Iglesia Católica admite que el cambio fue producto de sus acciones. Y el acto es la señal de su poder eclesiástico y su autoridad en asuntos religiosos" (*Faith of Our Fathers*, p. 14, C. F. Thomas, Canciller del Cardenal Gibbons). Esto es lo que se enseña en su catequismo y en otros documentos de la iglesia.

Más adelante veremos algunos de los comentarios de la Iglesia Católica. Primero, tengo algunas preguntas. ¿Tienen ellos la autoridad para hacer este cambio? ¿Tiene el sistema Papal el poder para cambiar los Mandamientos de Dios? ¿Es cierto que los cristianos adoran en el domingo basándose solamente en la palabra del Papa?

La mayor parte de los laicos protestantes con quienes me he comunicado creen que debe haber alguna autoridad bíblica para guardar el domingo como día de reposo del Señor. Aun algunos pastores con quienes he conversado hacen comentarios débiles acerca del apoyo bíblico en este asunto. Naturalmente, ya conocen mi posición en este asunto, pero déjeme compartir con usted comentarios de líderes de otras denominaciones.

El gran líder Bautista, Dr. E. T. Hiscox, autor del "Manual Bautista." He aquí lo que él tiene que decir acerca del sábado:

"Había y hay un mandamiento que exige la santificación del día de reposo, pero ese día no era el domingo. Pero se dirá de buena gana, y con algún logro, que el descanso fue transferido del séptimo día al primero de la semana, con todos sus requerimientos, privilegios y sanciones.

"Con el deseo ardiente de conseguir información sobre este tema, el cual he estudiado durante muchos años, pregunto, ¿dónde se podrá encontrar registro alguno de este cambio? No en el Nuevo Testamento, absolutamente no. No hay evidencia bíblica del cambio de la institución del día de reposo del día séptimo al primer día de la semana."

En un sermón en la Convención de Ministros Bautistas, el Dr. Hiscox hizo estas declaraciones:

"Me parece inexplicable que Jesús, durante tres años de conversaciones con sus discípulos, varias veces tocando el tema acerca del sábado, comentando varios aspectos del mismo, liberándolo de sus falsas (tradiciones judías) apariencias, nunca se refirió a alguna transferencia de ese día: asimismo, que durante los cuarenta días después de su resurrección, no hubo tal declaración.

"Ni tampoco, que sepamos, dio el Espíritu, el cual fue dado para recordarles todas las cosas que Él les habló, mención alguna acerca del tema. Ni aun los apóstoles inspirados, al predicar el evangelio, al fundar iglesias, al aconsejar e instruir, discutieron ni tocaron el tema.

"Por supuesto que yo sé muy bien que el uso del domingo entró la historia de la iglesia primitiva como día religioso, como aprendemos de los Patriarcas cristianos y otras fuentes. Que lástima que viene tildado con la marca del paganismo, y bautizado con el nombre del dios sol, y luego adoptado y santificado por el papado apóstata, y luego legado como una sagrada herencia al protestantismo" (*New York Examiner*, Nov. 16, 1893).

D. L. Moody, del Instituto Bíblico Moody, escribió: "El sábado estaba en vigencia en el Edén, y ha estado en vigor desde entonces. El cuarto mandamiento comienza con la palabra "acuérdate," lo que indica que ya existía cuando Él escribió la Ley en las tablas de piedra en el Sinaí. ¿Cómo es que el hombre puede decir que este mandamiento ha sido eliminado cuando los otros nueve todavía siguen en vigor?" (*Weighed and Wanting, página 47*)

"Creo honestamente que este mandamiento [el cuarto, o sea el mandamiento del sábado] está en vigor hoy tanto como siempre lo ha estado. He hablado con personas que han dicho que ha sido abrogado, pero no han podido señalar ningún lugar en la Biblia en donde Dios lo haya revocado.

Cuando Cristo estuvo sobre la tierra, no hizo nada para echarlo a un lado; lo liberó del lugar donde lo habían colocado los escribas y los fariseos, y le dio su lugar correcto. 'El sábado fue hecho por causa del hombre, no el hombre por causa del sábado.' Es tan práctico y tan necesario para el hombre hoy como antes—de hecho, más que nunca, porque vivimos en una edad tan intensa" (*Id.*, página 46).

Puedo proveerle citas de la literatura histórica de casi todas las organizaciones protestantes que observan el domingo que confiesan plenamente que no hay citas bíblicas que apoyen la observancia del domingo. Los estudiantes de la Biblia de todas las denominaciones que han estudiado el tema del sábado están de acuerdo. Agradezco esta aseveración y es suficientemente corta como para incluirla:

"El sagrado nombre del día de reposo es Sábado. Este dato es demasiado claro para requerir argumento ... (se cita Éxodo 20:10). ... La enseñanza bíblica al respecto se ha admitido plenamente a través de las edades ... Ni una sola vez los discípulos se refirieron al día de reposo como primer día de la semana—esa necedad se dejó para más tarde en la historia, ni tampoco pretendían que se suplantara el día séptimo por el primero" (Southern Baptist Joseph Taylor, *The Sabbath Question*, pp. 14-17, 41).

¡Una necedad en verdad! ¿Se ha dado cuenta que Dios puso Su sello de autoridad sobre Su santo día de reposo? De la misma manera que un monarca aquí incluye una referencia a su nombre, título, y dominio en el sello, Dios incluye estas referencias en su cuarto mandamiento:

"Acuérdate del día de reposo para santificarlo ... El séptimo día *es* reposo para Jehová tu Dios ... Porque en *seis días* hizo Jehová los cielos y la tierra, el mar, y todas las cosas que en ellos hay, y reposó en el séptimo día. Por tanto Jehová bendijo el día de reposo y lo santificó" (Éxodo 20:8-11). Dios puso su "señal" sobre el sábado.

El propio nombre "sábado" lleva la señal de autoridad de Dios. La palabra hebrea para sábado es *Shabbath*. Analizemos en segmentos la palabra en hebreo y veamos lo que Dios quiso decir acerca de Su santo día:
Sha significa *el eterno*. *Ab*, la raíz de la palabra *Abba*, significa *Padre*. *Bath* o *Beth* significa *la casa de* o *la señal de*. Combinados como *Shabbath* envuelven un poderoso testimonio—*Señal del eterno Padre*.

"En verdad vosotros guardaréis mis sábados; porque es señal entre mí y vosotros por vuestras generaciones, para que *sepáis* que yo *soy* Jehová que os santifico" (Éxodo 31:13, énfasis añadido).

Los antiguos cristianos reconocían la señal de la autoridad de Dios. En los primeros cien años de la historia de la iglesia, no había dudas acerca del sábado. Pero a través de los últimos trescientos años, hay muchos debates registrados.

La historia de la iglesia revela que el gobierno Romano se lanzó a eliminar el mandamiento de Dios acerca del sábado. Se enfrentaron con mucha resistencia entre los fieles al cambiar la adoración del sábado al domingo. El Papado Católico Romano supo cómo lidiar con tal resistencia.

El Concilio de Laodicea, 364 después de Cristo pasó una ley (Canon XXIX) que decretaba: "Los cristianos no han de judaizar ni estar ociosos el sábado sino que deben trabajar en ese día; pero el día del Señor debe ser especialmente honrado, y como cristianos, no deben, si es posible, trabajar en ese día. No obstante, si se les encuentra judaizando, quedarán afuera de Cristo" (Charles J. Hefele, *A History of the Christian Councils*, Vol. 2, página 316).

La publicación de este decreto prueba dos cosas para mí. Primero, los cristianos todavía estaban observando el sábado trescientos años después de la ascensión de Cristo. Por esta razón la iglesia Católica Romana tuvo que tomar acción en contra de ellos. Segundo, la Roma Papal estuvo dispuesta a eliminar todos aquellos que siguieran las instrucciones dadas por Dios, en lugar de los métodos concebidos por el hombre.

¡Los historiadores informan que la penalidad por adorar en el día sábado era *la muerte*! Muchos fueron mártires. Muchos otros fueron forzados a someterse para salvar sus vidas. ¿Se repetirá la historia?

¿Quién es responsable por introducir esta controversia—esta tradición de hombre de guardar el domingo? A través del agente humano, Satanás se interpuso para destruir la señal de autoridad de Dios—el santo día de reposo del Señor.

El deseo de Satanás es ser "semejante al Altísimo" (Isaías 14:14). Desde que tentó a Eva en el jardín, el enemigo de nuestras almas ha continuado introduciendo la duda y la incredulidad en la Palabra de Dios evitando así que nuestras vidas puedan estar firmes.

Satanás quiere hacer que el domingo sea la señal de su autoridad. Al manipular el día y el tiempo del mandamiento de Dios, ha logrado engañar a muchos adoradores del verdadero Dios haciendo que a través de su influencia se adore en un día autorizado por un sistema religioso—un sistema que se burla de la mayoría de protestantes. Consideremos el siguiente comunicado:

Thomaston, Georgia
22 de mayo de 1954

Papa Pío XII, Roma, Italia

Estimado señor:
¿Es la acusación cierta, de la cual los protestantes le acusan? Ellos dicen que usted cambió el día de adoración del séptimo día sábado para el llamado día del Señor domingo cristiano: idéntico al día primero de la semana. Si es cierto, ¿cuándo hizo usted el cambio, y con qué autoridad?

Muy sinceramente,
J. L. Day

La respuesta:

LA REVISTA DE LA EXTENSIÓN CATÓLICA
180 Wabash Ave., Chicago, Illinois
(Bajo la bendición del Papa Pío XII)

Estimado señor:

Con relación al cambio de la observancia del día de reposo judío al domingo cristiano, quiero llamar su atención a lo siguiente:

(1) Los protestantes que aceptan la Biblia como única regla de fe y religión, deben por todos los medios volver a la observancia del sábado. El hecho de que no lo hacen, pero que por el contrario observan el domingo, los ridiculiza ante los ojos de la razón.

(2) Nosotros los católicos no aceptamos la Biblia como la única regla de fe. Además de la Biblia tenemos la Iglesia viviente, como regla para guiarnos. Decimos, esta iglesia instituida por Cristo, para enseñar y guiar al hombre a través de la vida, tiene el derecho de cambiar las leyes ceremoniales del Antiguo Testamento y por lo tanto, aceptamos su cambio del sábado por el domingo. Francamente decimos, "sí," la Iglesia hizo este cambio, hizo esta ley, al igual que otras leyes, por ejemplo, la abstinencia del viernes, el celibato de los sacerdotes, las leyes con relación a los matrimonios mixtos, los reglamentos de los matrimonios católicos, y miles de otras leyes.

(3) También decimos que de todos los protestantes, los Adventistas del Séptimo Día son el único grupo que razonan correctamente y son consistentes en sus enseñanzas. Es causa de risa ver cómo las iglesias protestantes, desde el púlpito y a través de legislación demandan la observancia del domingo de lo cual no existe nada en la Biblia.

Con los mejores deseos
Peter R. Tramer, Editor

Si lo piensa bien, ¿no es curioso que los protestantes, que profesan guiarse por la Biblia y sólo la Biblia, demanden la observancia del domingo y estén tratando de promover las leyes dominicales? A los católicos les resulta "irrisorio", porque no hay pasaje bíblico que respalde esta posición. Sin embargo, muchos protestantes dicen, "¿Qué diferencia hay? ¡Por lo menos estoy separando un día para adorar al Señor!" Otros dicen, "Yo observo todos los días como santos." El componente que falta en su razonamiento es que Dios bendijo y santificó el *día*—no el *descanso*. Y la definición de Dios de observar un día como *santo* es cesar toda labor secular (Éxodo 20:8-11), abstenerse de comprar y vender (Nehemías 10:31, 13:15-22), y enfocarse en Él como nuestro deleite, en vez de los placeres mundanales (Isaías 58:13-14).

¡Nadie puede observar todos los días como santos ante los ojos del Señor! Más importante aun, solamente Dios puede bendecir y santificar un día, declararlo como sagrado para Él—como hizo con el sábado, él lo llamó "Mi santo día."

Los caminos de Dios son más altos que los nuestros. No siempre tienen sentido para nosotros. ¿Se acuerda de Naamán, el comandante de los ejércitos sirios quien fue afligido con lepra? La historia se registra en 2 Reyes, capítulo cinco.

Cuando el profeta, Eliseo, quien ordenó que se lavara siete veces en las aguas turbias del río Jordán para ser sanado, Naamán se sintió insultado. No obstante, sus sirvientes lo convencieron que intentara el camino de Dios.

Se lavó una vez, dos veces … seis veces, en verdad Naamán se sentía ridículo. ¿Qué si él hubiera desistido después de la sexta vez? La sanidad no hubiera llegado a él. Pero en la séptima ocasión cuando se lavó en el río Jordán, alcanzó la salud.

¿Por qué? Porque Dios había colocado la bendición en el *séptimo* intento. ¿Puede usted ver la conexión que existe con la bendición de Dios sobre el séptimo día?

¿Fue la intención de Dios que su sábado fuese una observancia religiosa? ¡No! Él lo creó para que fuese un día para celebrar nuestra relación con Él. El *día* es meramente un símbolo externo de quien reconocemos como la suprema autoridad en nuestras vidas.

Este no es un asunto de menor importancia. Si hay algo que admiro de la iglesia católica, es que establece tan claramente que no observar el sábado trae muy serias consecuencias. Ellos declaran que con toda certeza, quebrantar el mandamiento del sábado es *apostasía, darle la espalda* a las verdades de Dios.

Pablo nos da una advertencia, "Mirad que nadie os engañe por medio de filosofías y huecas sutilezas, según las tradiciones de los hombres, … y no según Cristo" (Colosenses 2:8). En otras palabras, no acepte falsificaciones.

Quiero compartir una cita que encontré en "MaryOnLine", que hasta poco salía en la página Web de la Iglesia Católica www.immaculeteheart.com. Cuán triste que eliminaron este segmento de la página cuando renovaron su sitio en el Internet. Previamente, "MaryOnLine" había puesto "*Rome's Challenge*", (El Desafío de Roma) una serie de artículos publicados en 1893 en el "*Catholic Mirror,*" (El Espejo Católico) declarando el derecho que tenía la iglesia Católica para ignorar el mandato de Dios y cambiar el día de reposo del día séptimo al primero. Para asegurar su posición de que los protestantes reconocían la autoridad del Papa aceptando la tradición de hombre de la observancia del domingo, también habían puesto aseveraciones de varias denominaciones protestantes en donde declaran que Dios nunca revocó el mandamiento del sábado.

Permítame compartir una muestra de lo que contenían estas páginas.

Los editores de MaryOnLine+ escribieron lo siguiente:

"El desafío lanzado por Roma hace más de cien años continúa en vigencia: O es que la Iglesia Católica está en lo correcto, o la Iglesia Adventista del séptimo día lo está. No puede haber otra alternativa.

"Y si alguien escoge diferente entonces se derrumba enteramente la doctrina de Sola Scriptura, y con ella, el pillar sobre el cual se establece todo el protestantismo. Lo que queda es una religión inventada, un Dios inventado, y una serie de creencias inventadas que complacen el propósito del hombre, y no el del Creador.

"Como Satanás y Lutero ante ellos, los protestantes han hablado el credo, en acción y en pensamiento, si no en palabra, 'No serviré.' El desafío todavía se mantiene—sin embargo, no encontrará respuesta, ni de un evangélico, ni de un fundamentalista, ni de una religión protestante en ningún lugar. Finalmente, es por la autoridad de La Iglesia Católica según ha sido impuesta por Dios mismo, que dictamina el día ..."

Hay otra cita que encontré en *The Catholic Mirror* (El espejo Católico) a través del Internet. Son varios párrafos, pero vale la pena que se consideren. La Iglesia Católica es una autoridad en el tema acerca del Santo Día Sábado de Dios:

"... El maestro [de los protestantes, la Biblia] exige enfáticamente en cada página que la ley del sábado se observe cada semana ... ¡los discípulos de este maestro no han observado por más de trescientos años este divino precepto! La inmensa mayoría de cristianos bíblicos, los metodistas, han declarado que el sábado nunca ha sido abrogado. ... La Palabra escrita de Dios también declara que Su adoración sea en sábado absoluta, repetida, y enfáticamente ... .

"... Al proponer que se siga solamente la Biblia como maestro, no obstante ante el mundo, el único maestro se empuja ignominiosamente a un lado, y las enseñanzas y las prácticas de la Iglesia Católica—'la madre de las abominaciones,' cuando les conviene a sus propósitos así designarla—la adoptan, a pesar de la terrible amenaza pronunciada por Dios mismo contra aquellos que desobedezcan su mandato, 'Acuérdate de santificar el sábado.'

"Antes de concluir con esta serie de artículos, les rogamos llamar la atención a nuestros lectores una vez más a la introducción a cada uno de ellos: 1. El día de reposo cristiano, el genuino producto de la unión del Espíritu Santo con la Iglesia Católica Su esposa. 2. Reclamar cualquier parte de su contenido por parte del protestantismo se ha comprobado sin fundamento, contradictorio, y suicida.

"La primera proposición requiere muy poca prueba. La Iglesia Católica por más de mil años antes de la existencia de algún protestante, por virtud de su propia misión, cambió el día de sábado a domingo ... .

"El mundo protestante en sus principios encontró que el sábado cristiano estaba demasiado fuertemente atrincherado como para ir contra su existencia: fue necesario entonces establecer un consentimiento en el convenio, así implicando el derecho de la Iglesia cambiar el día, por más de trescientos años. El día de descanso cristiano es por lo tanto hasta este día, el reconocido producto de la Iglesia Católica como esposa del Espíritu Santo, sin ninguna palabra de amonestación por parte del mundo protestante.

"Demos un vistazo, sin embargo, a nuestra segunda proposición, con la Biblia como único maestro y guía en la fe y la moral. El maestro [la Biblia] de manera muy enfática prohíbe algún cambio en el día por razones de suma importancia.

"El mandamiento exige un 'pacto perpetuo.' El día que se exige por el maestro que se observe nunca se ha mantenido, lo que *desarrolla una apostasía* a partir de un principio asumidamente fijo, como autocontradictorio, autoridiculizante, y consecuentemente suicida como esta dentro del poder del lenguaje para expresar.

"Ni se han alcanzado los límites de desmoralización aún. Lejos de ello. El pretexto de dejar el seno de la Iglesia Católica fue por apostasía de la verdad tal como se enseña en la palabra escrita.

"Ellos adoptaron la palabra escrita como su único maestro, el cual abandonaron inmediatamente, como prueban estos artículos en forma abundante; y por una perversidad tan voluntariosa como errónea, aceptan las enseñanzas de la Iglesia Católica en oposición directa a las claras, invariables, y constantes enseñanzas de su único maestro en la doctrina más esencial de su religión, de ese modo enfatizando así la situación que se puede aptamente designar como una burla, un engaño, y una trampa.'"

Esa sí es una aseveración audaz, ¿no es cierto? No obstante, la verdad grave de su acusación contra los protestantes al aceptar el cambio al domingo como "desarrollando una apostasía" es precisa. La observancia del sábado es acerca de la lealtad a Dios. Tengo que estar de acuerdo con la Iglesia Católica en este caso—de acuerdo con la Biblia, quebrantar el sábado es una apostasía.

De hecho, esta es la estrategia de Satanás para causar separación entre Dios y el hombre. ¿Puede darse cuenta cómo es que Satanás está tratando de establecer su marca de autoridad al exaltar una falsificación por encima del verdadero sábado de la palabra de Dios?

Mientras lee este libro, ¡espero poder probar bíblicamente que el cristiano ha sido engañado por una doctrina de Beelzebub! Y nosotros la bautizamos tranquilamente como *tradición del hombre*.

Dios, en su abundante gracia hizo caso omiso a nuestra ignorancia en el pasado. "Pero Dios, pasando por alto los tiempos de esta ignorancia, ahora manda a todos los hombres en todo lugar, que se arrepientan; Por cuanto ha establecido un día en el cual juzgará al mundo con justicia, por aquel varón a quien designó ..." (Hechos 17:30-31).

¡La iglesia adormecida necesita ser reavivada a la verdad del Día del Señor!

Para concluir este capítulo, no podría decirlo mejor que esta cita del *Catholic Mirror*, datada el diciembre de 1893:

"La razón y el sentido común requieren la aceptación de una de estas alternativas: o el protestantismo y la observación del sábado como santo, o el catolicismo y la observación del domingo como santo. Llegar a un compromiso es imposible."

9

CELEBRANDO NUESTRA SANTIFICACIÓN

Se ha preguntado alguna vez, "¿cómo puedo conocer la voluntad de Dios?" Obligado a responder de una manera precisa y al punto busqué en la Biblia y descubrí "Esta es la voluntad de Dios, tu santificación" (1 Tesalonicenses 4:3).

Pero, ¿qué significa esto para mí en mi vida diaria?

La santificación. Si esta es la voluntad de Dios para nosotros, ¿no cree usted que es importante que sepamos cuál es su significado? ¿Qué significa? ¿Cómo se obtiene? ¿Cómo sabemos cuando la estamos experimentando? ¿Qué tiene que ver el sábado con la santificación?

Los cristianos muchas veces juegan con la palabra "santificación" en las conversaciones, cuando en realidad vagamente entienden lo que significa en sus vidas.

Estar *santificado* significa puesto aparte para la gloria de Dios—puesto aparte de las cosas de este mundo y de las acciones malas. El sinónimo de *santificación* es "santidad." Ser santificado significa ser *hecho santo*.

Cuando el Espíritu Santo—el Espíritu de santidad—vive en nosotros y nos dirige, podemos estar confiados en que Dios está causando que las acciones de conducta en nosotros estén en conformidad con la santidad de Su Hijo.

De hecho, el apóstol Pedro nos dice que siendo que nuestro Padre Celestial es santo, nosotros—Sus hijos—hemos de ser santos en toda nuestra conducta. Dios no quiere que

111

suframos las consecuencias del pecado, así que con amor nos instruye, "Sed santos, como yo soy santo" (1 Pedro 1:15-16).

¿Le incomoda el tema de la santidad? Quizá sea porque está consciente de las ideas que el hombre ha categorizado como *movimientos de santidad* en la iglesia. Éstos por lo general brotan del deseo sincero de acercarse más a Dios, pero hay tantos de estos movimientos que han manchado la reputación de Dios.

Es fácil entender por qué. El hombre mira la apariencia externa, y elabora reglas que constriñen la conducta de la gente a una limitada *percepción humana* de santidad. Tristemente, el resultado frecuentemente no es más que un frío legalismo, palabras vacías, e hipocresía.

Esta externa filosofía confundió a los fariseos. Se convirtieron en vacíos, llenos de justificación propia, opinionados, y de dos caras. Con arrogancia religiosa, caminaban con una actitud de "más santo que tú."

Jesús los categorizó ser un fraude y los comparó con "sepulcros blanqueados" (Mateo 23:27). En el exterior *parecían* estar limpios—pero en el interior se estaban pudriendo. La verdadera santidad tiene sus raíces en la humildad, teniendo la misma mente humilde de nuestro Señor y Salvador, Jesucristo (Filipenses 2:5-8).

En contraste con la apariencia externa, Dios mira el corazón (1 Samuel 16:7). El esfuerzo humano solamente, no puede producir la santidad del *corazón*. El mejor esfuerzo que podemos hacer es *rendir* el control de nuestras vidas a Dios.

Necesitamos permitir que se haga Su voluntad en nosotros al unir la nuestra con la de Cristo. La santidad es un fruto que crece solamente por la unión de nosotros con Cristo.

Mientras vivimos en la realidad de *la redención en Cristo*, Dios derrama Su amor y Su poder sobre nosotros a través de Su Espíritu. En otras palabras Él nos da el poder para responder a su justicia—*buenas acciones*. Cuando tenemos una relación personal con Cristo, ya no somos débiles frente al pecado.

Como dijo Pablo, necesitamos reconocer que hemos sido "libertados del pecado, y ... tenéis ...por fruto [actitudes y acciones desarrolladas] la santificación, y como fin, la vida eterna" (Romanos 6:22).

Muchos estamos familiarizados con la doctrina de la *justificación por la fe*. Tengo buenas nuevas. ¡La santificación viene por la fe también! ¡La santificación es la obra de Dios en nosotros que nos hace justos!

Es Dios quien nos ha separado del mal. Es Dios quien obra en nosotros para hacernos santos. Al cooperar con Cristo, Él nos imparte Su vida y nos convierte a Su imagen. De hecho, Pablo nos dice que Cristo *en nosotros* es nuestra única "esperanza de gloria" (Colosenses 1:27).

Contrario a la vanidad de muchos que se dicen ser *movimientos de santidad*, la vida de Cristo nos limpia desde dentro hacia fuera. Cuando se completa Su obra en nosotros, obtenemos el poder para caminar en Sus pasos.

La Biblia nos enseña cómo nuestra dependencia en Dios nos ayuda a llegar a ser santos:

- Cristo es nuestra santificación (1 Corintios 1:30).
- Hemos sido santificados a través de Cristo ofreciendo Su cuerpo—una vez por todos (Hebreos 10:10).
- Somos santificados por la sangre de Cristo, el pacto eterno (Hebreos 10:29; 13:12).
- Somos santificados mediante la fe en Cristo (Hechos 26:18).
- Somos santificados por Dios el Padre, y guardados en Cristo Jesús (1 Tesaloni-censes 5:23; Judas 1:1).
- Somos santificados por la verdad de Dios, la Santa Biblia (Juan 17:17; Efesios 5:26).
- Somos santificados por el Espíritu Santo (2 Tesalonicenses 2:13; 1 Corintios 6:11).
- Somos santificados por el Espíritu por motivo de la obediencia (1 Pedro 1:2).

Vaya, ahí está esa palabra nuevamente—obediencia. Sí, jugamos un papel importante de cooperación en el desarrollo de nuestra santidad. Pablo dice que nuestro papel es abandonar nuestro comportamiento pecaminoso para convertirnos en "una vasija de uso noble, santificada, útil para el Señor, dispuesta para toda buena obra" (2 Timoteo 2:21). Él explicó que la obediencia nos lleva a la justificación (Romanos 6:16).

Con Cristo como nuestro Maestro, nuestras mentes han de ser renovadas. Hemos de abandonar nuestra conducta previa y, como dice Pablo, vestirnos de nuestra nueva naturaleza, "creado para ser semejante a Dios en justicia y santidad" (Efesios 4:20-24).

Me gusta el equilibrio que Pablo expresa en sus escritos. Por un lado, él extiende la promesa de Dios para hacer una obra de santificación en nosotros. Por otro lado, nos anima para que pongamos de nuestra parte para cooperar con Dios.

La santificación no es meramente *algo* que Dios hace en nosotros—es la propia vida de Cristo obrando en nosotros. *La santidad* es lo que *somos* cuando estamos dedicamos enteramente al Señor. Es una condición que Dios crea en nosotros cuando aceptamos que Él rija nuestra vida y escojamos seguir a Cristo sin reservas.

En las acciones prácticas y diarias, hemos de *obrar* la vida que Él ha puesto en nosotros. Esta es una lucha que nos hace crecer y que nuestras fuerzas aumenten.

Pablo dijo, "ocupaos en vuestra salvación con temor y temblor." Pero nos amonesta que no hagamos esto por nuestra propia fuerza, porque dice él, "Porque Dios es el que obra en vosotros, tanto el querer como el hacer, por *su* buena voluntad" (Filipenses 2:12, 13).

"… El que se une con el Señor, es un solo espíritu *con él*" (1 Corintios 6:17). ¿No es esta una hermosa promesa de lo que Dios logrará en nuestras vidas? A través de la santificación, se crea en nosotros el carácter de Cristo.

Al impartir Su santidad, nos hace uno con Él. El resultado es la obediencia, la cual resulta en forma natural, una vez que hemos hecho la decisión de seguirle y hemos dedicado nuestras vidas a Su causa—no importando el costo.

Mediante la oración y el estudio de la Biblia es como nosotros nos comunicamos con nuestro Señor. Si nuestra decisión es clara y nuestro amor es genuino, la comunicación ocurrirá en una manera espontánea una vez que se nos ha enseñado cómo.

Así que se nos amonesta, "Seguid … la santidad, sin la cual nadie verá al Señor. Mirad bien que ninguno se aparte de la gracia de Dios …" (Hebreos 12:14, 15). Al seguir la santidad, estamos convencidos de que ésta es labor de Dios— ¡una labor que hemos de celebrar!

El propósito de Dios con el sábado fue nuestra santificación. "Guardad mis sábados, porque el sábado es señal entre mí y vosotros por vuestras generaciones, para que sepáis que Yo Soy el Eterno que os santifico" (Éxodo 31:13).

Observar el sábado hace que nuestra experiencia de santificación—puesto aparte para la gloria de Dios—sea más firme. Permita que Su poder santificador sea una demostración nuestra de devoción a nuestro Señor y Sus propósitos.

Al reflejar Su amor infinito, Dios restaura el gozo de nuestra salvación. ¡Especialmente cuando recordamos que es Él quien causa en nosotros nuestra santificación! Recordamos que el valor que tenemos no es nada menos que el precio que Él pagó por nosotros, con la sangre preciosa de Jesús. El resultado es un agradecimiento constante de Su gracia y el amor que Él nos regaló a través de Su plan del el Calvario.

El objetivo del sábado es ser "uno" con Dios—un día cuando de todo corazón nos concentramos en nuestra relación con Él. Él quiere consideremos Su santo día una delicia, no un día de ardua labor (Isaías 58:13).

En nuestro mundo que carece de tiempo, podemos ser privados de una relación que debe ser nuestra primera prioridad. El sábado es un regalo de tiempo—tiempo para una reunión perfecta con Dios y Su familia—un tiempo que nos restaura y nos mantiene nuestra paz y nuestro gozo.

En la traducción literal del griego de Marcos 2:27, ¿no nos dijo Jesús que él hizo el sábado "por causa de la raza humana"? Este es el día feriado que nos dio Dios de las luchas diarias. En este día especial, podemos ignorar las luchas del mundo y entrar en un "tiempo de descanso" en el Señor. Dios nos rejuvenece espiritual y físicamente.

Nuestro mundo esta manchado con el pecado—fuera de control. Y nuestra *visión espiritual* se hace más *opaca* con el tiempo, ¿no? El sábado es la solución de Dios para sacarnos del mundo y reenfocar nuestra atención fragmentada. Durante un día completo, ponemos a un lado nuestros intereses mundanales y buscamos nuestra delicia en Él.

El Señor diseñó este día para que celebremos Su amor, Su poder soberano, y nuestro verdadero descanso, que se encuentra solamente en Cristo. ¿Puede usted ver el plan divino de Dios en esto? Al celebrar su bondad, resulta una entrega para buscar primeramente Su reino y Su justicia (Mateo 6:33).

"¿No sabéis que vuestro cuerpo es templo del Espíritu Santo, *que está* en vosotros, que tenéis de Dios, Y que no sois vuestros? Porque habéis sido comprados por precio. Por tanto, glorificad a Dios en vuestro cuerpo" (1 Corintios 6:19, 20).

El sábado es un recordatorio de que Cristo pagó el precio para comprar nuestra libertad del pecado. Le pertenecemos. Él quiere tener una íntima relación con nosotros. Él santificó las horas del sábado para que nosotros celebremos Su amor, le adoremos, y que gocemos de compañerismo cristiano con nuestros familiares y amigos.

Aun así, el espíritu de guardar el sábado es más que un tiempo de adoración, compañerismo, y descanso físico. También es un tiempo que podemos utilizar para trabajar lado a lado con el Salvador, en actos de misericordia y servicio cristiano. Cristo dijo, "Así, es permisible hacer bien en sábado" (Mateo 12:12).

No fue la intención de Dios que observáramos el sábado como si fuéramos un conductor que al estar a punto de pasarse la señal de tráfico de "Alto" se detiene de manera brusca para cumplir renuentemente con el requerimiento de *la letra* de la ley. No obstante, esta es la actitud de algunos al esperar en aburrimiento a que pasen las horas del sábado para finalmente poder reanudar las actividades que mejor les complacen.

Si no celebramos el sábado con el espíritu del sábado, nos convertimos en legalistas al observarlo y presentaremos un penoso cuadro de Dios a nuestros familiares y amigos. ¡Las reglas sin una relación resultan en una rebelión!

Así que, ¿cómo celebramos el sábado de tal manera que resulte en un día de felicidad y santa alegría? No hay un modelo perfecto que podamos seguir. La celebración del sábado debe ser flexible para cumplir con nuestras necesidades espirituales y físicas.

Pero estaría mal traerlo hasta aquí en la presentación de la verdad del sábado sin compartir algunas sugerencias para estimular su propia devoción entusiasta al día santo de Dios.

No soy un experto, y mis sugerencias no son completas. Sin embargo, si usted es nuevo al concepto de *celebrar* el sábado—en lo cual muchos que *observan* al sábado lo son—las ideas a continuación podrían serle de beneficio.

Estas sugerencias están dirigidas a las familias. Si usted está solo o sola, apliquese a la reunión entre amigos. Si es usted la única persona de la familia que ha aceptado la verdad del sábado, haga todo lo posible para implementar esta práctica y permita que Dios le muestre a su familia que Su santo día está lleno de gozo. Si sus acciones muestran que el sábado es una delicia, entonces los miembros de su familia estarán más dispuestos a unirse a usted en perfecta armonía con el Señor.

Cómo Celebrar el Sábado

1. **La preparación durante toda la semana.** Mientras experimentamos el gozo del sábado, sucede algo interesante. Desarrollamos una actitud de considerar el sábado como el día más importante de la semana.

Pronto encontramos que arreglamos la semana alrededor del sábado, en vez de programar toda la preparación el viernes—el día de la preparación designado por la Biblia. Esto nos permite llegar al sábado con menos tensión. Una vez que la observancia del sábado se convierte en una relación rítmica con Dios, nos beneficiamos con la organización de las actividades de toda la semana.

El sábado no es un día para los negocios. Dios nos dice que no debemos distraernos al comprar y vender (Jeremías 17:27; Nehemías 10:31; 13:15-22). Esto requiere planificación de antemano de las comidas y las tareas principales.

Para que la preparación del viernes se pueda mantener en lo mínimo, es beneficioso que la compra de los alimentos, la preparación de la ropa, y los quehaceres principales de la casa se completen temprano en la semana. También podría considerar llenarle el tanque de combustible a su vehículo el día jueves.

2. **Viernes—Día de preparación.** El sábado es el día para que la madre sea liberada de la esclavitud de la cocina. Haga sus recetas sencillas, o prepare los pasos más elaborados de antemano, de tal manera que el sábado sea necesario sólo calentar y servir.

No se convierta en legalista restringiendo la preparación de los alimentos. Los discípulos recogían espigas en sábado (Mateo 12:1). No era una labor de cosecha. Solamente estaban sufragando sus necesidades físicas, y Jesús aprobó sus acciones.

Límpiese la casa para que el descanso sabático se pueda disfrutar en un ambiente agradable. Tal vez podría preparar la mesa en una forma especial—adornada con flores, o prepararla con velas en la cena de la noche. Hágase algo para crear recuerdos e instar en sus hijos la alegría y el gozo en el día del Señor.

Trate de copiar las promesas de la Biblia, escóndalas en lugares en la mesa preparada. Al terminar la cena puede cada miembro de la familia obtener una delicia de la Palabra de Dios. Escúchese música inspiradora desde una hora antes para preparar sus corazones para la ocasión.

3. **Puesta del Sol— viernes.** El sistema de Dios para calcular el tiempo es de puesta del sol a puesta del sol (Génesis 1:5) y aplicó esto al sábado (Levítico 23:32). Él tenía un propósito para esto y es la forma preferida para observar el sábado. Cuando comenzamos la celebración el viernes en la tarde, nuestro descanso se aumenta y nuestros corazones se preparan para la adoración el día sábado.

Cree tradiciones sabáticas en su hogar. Para aumentar la atmósfera especial de recibir el sábado, encienda velas y dé la bienvenida a Jesús, "la luz del mundo" (Juan 8:12). Comience el sábado con una canción especial. Repase lo que representa, reconociendo a Dios como Creador, Salvador, y Quien santifica. Tenga una oración familiar corta, dando una bienvenida especial a Dios al hogar.

¿Hay alguna comida especial que la familia disfruta? ¿Mejicana, italiana, norteamericana, una ensalada especial, o una sopa de vegetales suculenta? Conviértalo en una tradición para compartir todos los viernes en la tarde. Para que la limpieza sea fácil y rápida, puede utilizar platos desechables atractivos, o úsese platos que sean fáciles para lavar y guardar.

No existe una fórmula perfecta para recibir el sábado— creen su tradiciones propias.

Simplemente hágase la cena agradable, y que la conversación sea en torno a lo que el Señor ha hecho por ustedes durante la semana pasada.

Si se han escondido las promesas en la mesa, anímese a cada miembro de la familia a leerla en voz alta y luego reclamarla cada día de la semana hasta el sábado siguiente. Esto le ayudará a mantener la Palabra de Dios en su corazón. Después de la cena, puede salir a una caminata para ver las estrellas. Si tiene un telescopio, identifíquelas y hable acerca de la creación de Dios. O tengan una reunión de música familiar. El viernes en la noche es una buena oportunidad para repasar las lecciones que se discutirán durante el culto en la iglesia el sábado por la mañana.

Lo que sea que haga, trate de incluir todos los miembros de la familia. Las familias se están deshaciendo porque dedican muy poco tiempo para estar juntos. Los niños aprenderán a recibir el sábado con alegría si observan que es un tiempo para estar gozosos. Tengan una oración familiar corta antes de retirarse a descansar.

4. **Sábado en la Mañana.** Haga que la mañana de sábado sea especial con un desayuno favorito. Levántese temprano para evitar que haya apuro para salir para el templo. Después del desayuno téngase un culto devocional corto para preparar los corazones y las mentes para la adoración en la iglesia. Dios separó el sábado para "una convocación santa" (Levítico 23:3).

Súbase la familia al vehículo con Biblia, folletos de lección, y una libreta para los apuntes—y no se olvide de llevar una olla de comida si es que se van a quedar para comer juntos en hermandad. Que su viaje al templo sea agradable, cantando y repasando textos bíblicos. Por favor no lleven el sábado a la deriva alborotándose por el camino.

La Escuela Sabática se diseño para que sea agradable a los niños, pero muchas veces éstos se inquietan durante el culto. Provéales libretas y pídales que escriban palabras claves que el predicador utilice, por ejemplo: *Dios, Jesús, gracia, amor.* Cada vez que se mencione la palabra que hagan una marca junto a ella.

Escucharán atentamente durante el sermón, y al final podrán contar cuantas veces se mencionaron las palabras. La Palabra de Dios puede penetrar a través de oídos atentos—no importa cuán jóvenes sean. Para buena disciplina, prométales algo especial después del almuerzo.

5. **Sábado en la Tarde.** ¿Qué han de hacer el sábado para el almuerzo? ¿Se han de quedar en la iglesia para compartir los hermanos juntos? ¿Se irá la familia a la casa para calentar un almuerzo previamente preparado? ¿Han invitado a amigos para compartir con ellos? ¿Estará bueno el tiempo para comer en el parque? Lo que sea que hagan, permita que sus hijos se sientan parte de la actividad, siempre recordándoles que este es un día separado para la gloria de Dios.

Bueno, ¿qué se puede hacer el sábado en la tarde? ¡Mucho! La celebración del sábado se estableció para acercarnos más a Dios, y a nuestros seres queridos. Es un tiempo para la paz, cuando podemos escaparnos de los problemas diarios del mundo.

Dios reservó un día por semana para nuestro descanso y para estar en comunión con Él. Es más que un día para culto en el templo—es un día para desarrollar más la relación personal con Dios nuestro Creador. He aquí algunas sugerencias:

• Celebrer la creación de Dios— Haga una caminata, un paseo por el campo, observe las aves, un paseo por el lago, viendo los detalles de la naturaleza. Mantenga la conversación centrada en Dios. Llévese una cámara, coleccione flores, insectos, u otros objetos de la naturaleza y comience un álbum de recortes de la creación.

- Celebre el don de Dios de la música— Reúnase alrededor del piano o utilice la guitarra y canten todos, apréndase un nuevo canto cristiano, o componga un canto a Dios.

- Celebre la misericordia de Dios— Haga algo para aliviar el sufrimiento de otros. Visite los enfermos o los orfanatos, envíe tarjetas a aquellos que están enfermos o que sufren, alimente al hambriento. Haga manualidades para los que están solos.

- Celebre la Palabra de Dios— Comparta una historia bíblica o promesas bíblicas. Deje que los niños actúen escenas bíblicas o hagan una búsqueda de tesoros bíblicos. Permítales que tomen el liderazgo en el devocional de la familia. Hagan juegos bíblicos. Llévele un estudio bíblico a un amigo.

- Celebre el descanso de Dios— ¡Tome una siesta! Lea la Biblia o un libro cristiano.

- Celebre la oración—Escriba su oración a Dios en un diario de oración. O comience un diario de las peticiones de oración de la familia y ponga la fecha de la contestación.

- Celebre la familia— Enfóquese en reforzar su relación entre ustedes y entre usted y Dios. Háblese del plan de Dios para cada miembro de la familia, cómo puede acercarse más a Él, y cómo reconocer su liderazgo. Háblese del carácter del amor de Dios, y cómo Él está recreando a cada uno de ustedes para ser transformados a Su naturaleza divina.

- Celebre la esperanza de la vida eterna— Háblese de la vida eterna en la nueva tierra. Anime a los niños a que se imaginen una casa de campo hecha de materiales vivos, montarse sobre el lomo de un tigre, o jugar con un animal que ya no será una amenaza.

6. **Al llegar el final del Sábado.** ¡Trate de que su última comida sea liviana y placentera! Tal vez puede hacer palomitas de maíz y servir una variedad de frutas, acompañados con su aperitivo favorito.

Al comenzar a bajar el sol, cierre el sábado con testimonios de agradecimiento y otra oración corta. Entréguese nuevamente a Dios para vivir para Su gloria y pídale al Señor que obre Su poder en su propia debilidad—que pueda intercambiar la fuerza suya por la de Él—a través de la próxima semana.

¿Puede darse cuenta cómo es que el sábado se hizo para fortalecer esa relación de amor con Dios? ¿Cómo podemos evitar de celebrar al enfocarnos en Su poder creador y reconocer que ese mismo poder está obrando en nosotros?

Al acercarnos a Él, Él se acerca a nosotros (Santiago 4:8), y luego Él obra al unir la familia más entre sí. Nuestro Redentor nos renueva a través de Su día especial de descanso.

En el sexto día de la creación, ¿puede imaginarse a los ángeles observando con ansiosa expectativa y preguntándose qué es lo que Dios creará esta vez para probar las maravillas de Su amor?

Piense en el gozo que habría en el cielo cuando, en el séptimo día de la creación, el Creador dijo que su obra especial se acababa—¡y la declaró como buena!

Dios descansó de Su obra, no porque estuviera cansado, sino porque estaba muy complacido.

Él coronó su creación con un día separado para conmemorar Su gloriosa obra de amor. Creó el sábado para beneficio del hombre—para nuestra salud física y espiritual—para que podamos responder a Su amor.

Dios santificó este sagrado día por la eternidad como pacto eterno (Éxodo 31:16). Lo llamó "Mi día santo" (Isaías 58:13). El sábado es para celebrar nuestra relación con Dios—una señal de Su pacto para santificarnos.

Existe una agenda y es robarnos esta íntima relación. El diablo quiere engañarnos dándole homenaje a él, destruyendo así nuestra lealtad a Dios.

Escuche los mensajeros especiales que Dios ha enviado para advertirnos con voz fuerte, "¡Reverenciad a Dios y dadle honra, porque ha llegado la hora de su juicio! Y adorad al que hizo el cielo y la tierra, el mar y las fuentes de las aguas ..." (Apocalipsis 14:7). ¿Puede usted reconocer el mensaje sabático que contiene esta advertencia? Es un llamado para que volvamos a la adoración de Dios como nuestro Creador, quien "hizo los cielos y la tierra, el mar, y todo lo que en ellos hay ..." (Éxodo 20:11).

Tal como dice Isaías 30:15, la voz del Padre celestial todavía está llamando, "En descanso y en reposo seréis salvos; en quietud y en confianza será vuestra fortaleza." Esa preciosa promesa refleja el espíritu del sábado.

Pero tristemente, la Biblia no termina allí. La angustia del chasco de Dios se deja sentir cuando Él añade, "Y no quisiste."

¿Puede un hijo de Dios, guiado por el Espíritu Santo, ignorar el único mandamiento que Él enfatizó que debíamos *recordar*—el sábado del séptimo día?

Escuche la voz de nuestro amante Salvador ahora llamandonos, "Si me amáis, guardad mis mandamientos" (Juan 14:15).

"Porque en esto consiste el amor de Dios, en que guardemos sus Mandamientos. Y sus Mandamientos no son gravosos. Porque todo lo que nace de Dios vence al mundo. Y ésta es la victoria que vence al mundo, nuestra fe." 1 Juan 5:3, 4

Nuestro amor hacia Dios crea el motivo para obedecer Sus mandamientos. El poder de Cristo *viviendo en nosotros* provoca este impulso.

"A aquel que es poderoso para guardaros sin caída, y presentaros sin falta ante su gloria, con alegría, a Dios nuestro Salvador, el único sabio, sea la gloria y la majestad, el dominio y la autoridad, ahora y por todos los siglos." Judas 1:24, 25

Amén.

EPÍLOGO

Si después de examinar las citas de este estudio, usted cree que estoy equivocado en observar el sábado, agradecería cualquier evidencia bíblica que usted pueda compartir. Si conoce alguna cita bíblica que sea contraria a lo que considero como la verdad, por favor ámeme lo suficiente como para mostrármela.

He estudiado este tema por muchos años, buscando solamente la verdad. He buscado diligentemente el tema del cuarto mandamiento, el cual nos dice que guardemos el sábado como día santo, examinando frecuentemente el original hebreo y griego. Como muchos estudiantes de la Biblia antes de mí, no he podido encontrar evidencia bíblica que autorice el cambio del día que Dios llamó "Mi santo día."

He examinado cada cita bíblica que me han mostrado para invalidar el Cuarto Mandamiento, comparándolas con el griego y el hebreo. Lo que he descubierto en cada situación es que la ley de Dios de los Diez Mandamientos siempre ha estado en vigencia y continuará en vigencia por toda la eternidad.

Quiera Dios bendecir a cada uno de nosotros al continuar en la lucha para entender mejor las características de Su precioso y maravilloso amor.

—Danny Shelton

Para más acerca del sábado y cómo se relaciona con los eventos de los últimos días y las profecías bíblicas, por favor escriba a "Three Angels Broadcasting Network": P.O. Box 220, West Frankfort, IL. 62896, o llame a (618) 627-4651. Estos estudios también pueden conseguirse en la página Web: www.3abn.org; www.vop.com; o www.amazingfacts.org.

Acera de los Autores

Danny Shelton es el fundador y presidente de la cadena de transmisión Los Tres Ángeles (3ABN), una cadena de radio y televisión cristiana que transmite las 24 horas. En 1984, Danny fue impresionado a construir una estación de televisión que alcanzara a todo el mundo con el mensaje del evangelio sin diluir. Hoy—con centros de producción en el sur de Illinois y Nizhny Novgorod, Rusia—3ABN transmite su señal a todo país habitado en el mundo, con un potencial de varios cientos de millones de televidentes. Danny ha escrito tres libros de éxito editorial con ventas que llegan a casi tres millones de copias.

Shelley Quinn es oradora y vice directora de "Word Warriors Ministries." Como autora y maestra de Biblia viaja a través de los Estados Unidos y en el exterior predicando el Evangelio de Cristo en reuniones de reavivamiento, retiros, y campestres. Shelley es la directora del programa "*Exalting His Word*" en 3ABN televisión y radio—un programa basado en su libro de éxito editorial enfocando en el poder transformador de la Palabra de Dios y de Su Espíritu.